Karl Robert Pabst

Die Verbindung der Künste auf der dramatischen Bühne

Karl Robert Pabst

Die Verbindung der Künste auf der dramatischen Bühne

ISBN/EAN: 9783743635555

Hergestellt in Europa, USA, Kanada, Australien, Japan

Cover: Foto ©Thomas Meinert / pixelio.de

Weitere Bücher finden Sie auf **www.hansebooks.com**

Die Verbindung der Künste

auf der

dramatischen Bühne.

Eine Reihe akademischer Vorträge

von

Dr Karl Robert Pabst,

Professor der deutschen Literatur an der Hochschule zu Bern.

BERN, 1870.
HALLER'SCHE VERLAGSHANDLUNG.

HEINRICH LAUBE,

dem wackeren Vorkämpfer für Befreiung und Veredlung

der

deutschen Bühne

hochachtungsvoll

gewidmet.

Vorwort.

Die nachstehenden Vorträge wurden zuerst im Jahr 1860 in der hiesigen Aula vor einem Kreise gebildeter Männer und Frauen und dann im Sommersemester 1868 vor einer Anzahl hiesiger Hochschüler gehalten.

Die Veränderung des Zuhörerkreises bestimmte mich bei der späteren Niedersetzung einige Abschnitte mit grösserer wissenschaftlicher Strenge als bei der früheren auszuführen und namentlich in der Begründung des Beistandes, welchen die dramatische Poësie bei den mimisch-scenischen Künsten sucht, bis auf die ersten æsthetischen Grundsätze zurückzugehen.

Infolge dessen habe ich den in den früheren Vorträgen angeschlagenen rednerischen Grundton zwar hier und da modificirt aber aus Mangel an Zeit nicht durchgängig umwandeln können; ein Umstand, welcher einer gewissen Ungleichheit des Stiles zur Entschuldigung dienen möge.

Die Vertauschung eines Zuhörerkreises mit einem Lesepublicum hat mich ferner bestimmt die unnöthig, ja zum Theil störend gewordene rednerische Abrundung der einzelnen Vorträge durch Weglassung oder Zusammenziehung der Eingänge und Ausgänge zu tilgen, wodurch zugleich eine nicht unbedeutende Raumersparniss erzielt wurde. Hiernach habe ich den Anfang der einzelnen Vorträge nur durch römische Ziffern am Rande bezeichnet, dafür aber durch Ueberschriften sowie durch ein übersichtlich gegliedertes und einlässliches Inhaltsverzeichniss dem Leser den Gebrauch des Buches erleichtert.

Die zwischen die früheren und die späteren Vorträge fallende Beschäftigung mit verschiedenen denselben Stoff berührenden oder theilweise abhandelnden neueren Schriften hat mich an keiner Stelle zu einer Aenderung meiner Ansichten genöthigt; wohl aber habe ich ihr mehrere kleine Zusätze zu verdanken. Als den bedeutendsten unter diesen habe ich die Bemerkung über die Verbindung der Musik mit der Anschauung von Gemälden (S. 70) zu bezeichnen. Diese enthält nur kurz zusammengefasst das Resultat der ausführlichen Untersuchung, welche Lazarus im zweiten Bande seiner trefflichen Schrift: « das Leben der Seele » über diesen Gegenstand angestellt hat. —

Möchten meine Vorträge bei ihren Lesern dieselbe wohlwollende Theilnahme und Beurtheilung finden, welche ihnen von Seiten ihrer Zuhörer zutheil geworden ist.

Finden sachkundige Leser darin manches Alte, so gebe ich zu bedenken, dass es manchmal mehr Zeit und Anstrengung kostet das Alte zu seiner wohlverdienten Geltung zu bringen, als das Neue Zeit braucht um zu veralten.

K. R. P.

Bern, im März 1869.

Inhaltsverzeichniss.

A. Allgemeiner Theil.

	Seiten
Wesen und Grundgesetz der dramatischen Bühne	1—116
Eingang	1—15

Bedeutung des Wortes Theater (S. 1—3). Kurze Angabe der im Theater einzeln oder vereint auftretenden Künste und Kunststücke (3). — Höchste Aufgabe des Theaters die Aufführung dramatischer Kunstwerke durch das Zusammenwirken der Mimik mit allen Hauptarten der reinen Kunst (der Poësie, der Musik und der bildenden Künste (3—4). — Der Gesammtinhalt dramatischer Kunstwerke, zugleich der höchste Kunstinhalt überhaupt, ist ideale Handlung (4—5). — Wirksamkeit des dramatischen Theaters in œsthetischer und sittlicher, insbesondere staatsbürgerlicher Hinsicht (5—7). — Betheiligung des Staates bei den alten Griechen (7—9). — Moderne Hoftheater (9—10). — Allgemeinste Bedingungen des Gedeihens: a) Staatsbürgerliche Freiheit. Vergebliches Bestreben das dramatische Theater für die Dauer zu unterdrücken (10—13). — b) Innerer Werth (13). — Wichtigkeit der Aufklärung des Publicums sowie der schaffenden und ausführenden Künstler über das Wesen und die Gesetze des theatralisch-dramatischen Kunstvereins, insbesondere über

das Verhältniss der im dramatischen Theater zusammenwirkenden Künste zu einander und zum Gesammtkunstwerk. – Aesthetischer Charakter der Untersuchung . . . . 13—15

I. *Die Rangstellung der Poësie innerhalb des theatralisch-dramatischen Kunstvereins.*

Von Seiten der ausführenden Darstellung ist die wichtigste unter den Vereinskünsten die *Mimik*, von Seiten des Ursprungs und des Inhaltes die *Poësie*. — Begründung dieses Vorranges. — Vorläufige Vergleichung der Oper, der Pantomime und des dramatischen Ballets mit dem gesprochenen Drama . . 16—21

II. *Bedarf hiernach die dramatische Dichtung überhaupt noch der theatralischen (mimisch-scenischen) Aufführung?* . . . . 21—57

1. *Geschichtliche* Hinweisungen: die theatralische Aufführung von Dramen ist älter als die Niedersetzung dramatischer Lesestücke. — Nothwendigkeit einer rationalen (rein æsthetischen) Lösung der Frage . 22—24

2. *Widerlegung* des Goetheschen Ausspruches, das nur laut vorgelesene dramatische Gedicht verdiene den Vorzug vor dem theatralisch aufgeführten. — Beschränkte oder verfehlte Wirkung der bloss hörbaren Darstellung. — Erklärung des Goetheschen Ausspruches aus Goethe's kritischem Verhalten zur theatralischen Darstellung . . . . 24—32

3. *Allgemeine Begründung* der theatralischen Aufführung aus dem *Verhältniss des sinnlichen Darstellungsmittels (Materials) zum geistigen Inhalt eines Kunstwerkes* . . . . 33—57

Unentbehrlichkeit des Materials (33—37). — Werthverhältniss zwischen Material und Inhalt, angeknüpft an einen missdeuteten Satz in Vischers Aesthetik :

Ist die Sprache Material oder blosses Vehikel der Dichtkunst? — Aufgabe des Dichters die Sprache so viel als möglich zum Material zu machen (37—50). — Verhältniss der drei Wirklichkeitsformen der Schönheit (Naturschönheit, phantaseiliche Schönheit und Kunstschönheit) zu einander. Erst durch die Zurückführung des Phantasiebildes (des innern Ideals) in die Materialität entsteht die vollkommenste Wirklichkeitsform des Schönen: Das theatralisch aufgeführte Drama ist die vollkommenste dramatische Kunstform (50—57).

III. Die Verbindung der Künste überhaupt . .   57—73

1. *Entstehungsgründe* . . . .   57—62

    a) Innerer (æsthetischer) Grund: die Einseitigkeit des besonderen Materials der einzelnen Künste. — Es gibt keine Universalkunst im vollen Sinne des Wortes.

    b) Historische Ursachen: Verfall der Kunst, überreizter, verderbter Geschmack.

2. *Arten* . . . .   62—65

    a) Herbeiziehung fremder Stoffe unter Beibehaltung des eigenen Darstellungsmittels.

    b) Herbeiziehung fremder Darstellungsmittel zur Erweiterung oder vollkommneren Ausbeutung des eigenen Stoffgebietes. Beispiele beider Arten:

      a) Sculpturgruppe, Relief, Zeichnung, Recitativ.

      b) Gesang, Mimik, Tanz, Verbindung der Architektur mit Sculptur Malerei und Musik, der Instrumentalmusik mit Gesang und Poësie.

3. *Grundgesetz: Unterordnung aller zusammenwirkenden Künste unter die Herrschaft einer einzigen.* Forderung der æsthetischen und der psychologischen Einheit sowie einer gewissen Freiheit der phantasieilichen Bewegung. Beispiele. — Der Rang

jeder Kunstverbindung abhängig von dem Range der herrschenden Kunst; daher gebührt der oberste Rang unter allen der theatralisch aufgeführten dramatischen Dichtung . . . . 65—73

IV. *Besonderer Nachweis des Bedürfnisses einer Verbindung der dramatischen Dichtung mit den verschiedenen theatralischen Künsten für den æsthetischen Genuss* . . . . 73—99

Unzulänglichkeit der *Sprache* als des specifisch poëtischen Darstellungsmittels (73—75). — *Gesang* (75—76). — *Recitation und Declamation.* Genauere Entwicklung des Wesens und der Form der dramatischen Handlung. Verlangen nach durchgängiger Unmittelbarkeit der Darstellung (76—79). — *Mimik* (Gesticulation und Action) (79—92). — *Costüm* und *Scenerie* (93—94). — Zusammenfassung und Ergänzung der Vorzüge des theatralisch aufgeführten vor dem bloss gelesenen Drama vom Standpunkt des æsthetischen Genusses (des Zuschauers) (94—99). —

V. *Vortheile eines stetigen Hinblickes auf die theatralische Aufführung für die Erzeugung des dramatischen Gedichtes* . . . . . . 99—116

Erklärung des Ursprungs blosser Literaturdramen (101). — Aeussere und innere Bedingungen der theatralischen Darstellung (101—103). — Wahl und Auffassung des dramatischen Stoffes. Wahrung der æsthetischen Schranken und der Wahrscheinlichkeit. Charakteristik. Verhältniss des Drama's zur Geschichte. Stil und Rhythmus. Composition. Richtiges Verhältniss zwischen Innenseite und Aussenseite der Handlung (103—116). —

B. Besonderer Theil.

Seiten

Anwendung des Grundgesetzes auf die verschiedenen Hauptarten und Hauptformen des dramatischen Theaters . . . . 117—225

I. *Die theatralischen Künste im Dienste der dramatischen Poësie* . . . . 117—135

    Das altgriechische Theater . . . . 117—126
    Das Theater Shakspeare's . . . . 126—131
    Nachtheile einer mangelhaften und rohen theatralischen Einrichtung und Aufführung. Verbindung des Tragischen mit dem Komischen, namentlich in den Misterien . . . . 131—135

II. *Verselbständigung und Herrschaft der anderen Künste auf der dramatischen Bühne* . 135—225

  1. *Gefährdung des Kunstwerthes der Bühne durch die Erniedrigung der dramatischen Poesie* . . . . 135—136
  2. Die *Mimik*.
      Die mimische *Declamation.* — Ihre Verselbständigung. Nachtheile derselben. — Die Improvisation. Die commedia dell'arte . . . . 137—150
  3. Die *Pantomime* . . . . 150—160
  4. Die *Musik* (Gesang und Instrumentalmusik) . . . 160—208
    a) *Bedeutung* der Musik für dramatische Darstellung überhaupt . . . . 160—165
    Unterschied der antiken und der modernen dramatischen Musik . . . . 165—167
    b) *Verschiedene Grade und Weisen der Anwendung* 167—208
      α. *Partielle Anwendung.* — Unterschied zwischen reiner Musik und Gesang. Anwendung jener vor Beginn, nach dem Schluss und zwischen den Akten des Drama's . 168—171

	Seiten
Das Melodrama	174—177
Das Gesang. Einmischung einzelner Gesänge. Vorherrschaft des Gesanges (Singspiele, gemischte Oper, etc.)	177—180
β. *Durchgängige Anwendung* der Musik. Die *reine Oper*	180—208
Wahrung der Einheit durch Unterordnung aller mitwirkenden Künste, auch der Dichtkunst, unter die Herrschaft der Musik	180—183
R. Wagners Grundirrthum und dessen Folgen	183—189
Pflichten des dramatischen Dichters gegen den dramatischen Tonsetzer. Verzicht auf die höchste Aufgabe der dramatischen Poësie	189—195
Einzig möglicher Weg dieselbe unter Mitwirkung der Musik zu lösen	195—199
Schuld der Dichter und der Tonsetzer an der Entartung der reinen Oper. Glucks Reformationsversuch	199—208
5. Die *Tanzkunst*. Das dramatische *Ballet*	208—217
6. *Costüm. Malerei. Mechanik.* Völlige Entartung der Bühne durch die Herrschaft des Sinnenreizes	217—220
7. Reihenfolge in der Entartung des dramatischen Theaters	221—225
Schluss: Zusammenfassung der Grundursachen der Entartung und der Grundbedingungen der Wiedererhebung des dramatischen Theaters	225—228
Verhältniss der dramatischen Theorie und Kritik zur künstlerischen Praxis	229—230
Verhältniss der dramatischen Kunst zum öffentlichen Leben	231—232

Motto.

«Der Schein, was ist er, dem das Wesen fehlt?
Das Wesen, wär' es, wenn es nicht erschiene?»

(Gœthe.)

A. Allgemeiner Theil.

Wesen und Grundgesetz der dramatischen Bühne.

Eingang.

M. H.

1. Wenn ich die Ueberzeugung ausspreche, dass unter allen Kunststätten das Theater diejenige ist, welche Sie am stärksten anzieht, so habe ich von Ihrer Seite gewiss keinen Widerspruch zu befürchten. Wollte ich aber die Anziehungskraft des Theaters ohne Weiteres als diejenige bezeichnen, welche sich selbst in den weitesten Kreisen als die stärkste bewähre, so müsste ich die Einwendung gewärtigen, dass an manchen Orten die Kunstreiter und Menagerie-Besitzer bessere Geschäfte machen als der Theaterdirector, und da es Ihnen nur zu nahe liegt den historischen Beweis hierfür zu liefern, so würde ich mich entweder genöthigt sehen meine Behauptung auf ein wahrhaft kunstsinniges Volk oder Publicum zu beschränken, oder ich müsste die Ausdrücke Kunststätte und Theater in einer so weiten Bedeutung nehmen, dass sie auch für

die Reitbahn gelten können. Und dies ist allerdings in so fern statthaft, als das Wort Theater bei dem Volke, von welchem es entlehnt ist, den alten Griechen, ursprünglich jeden *Schauplatz* bedeutete und zwar zunächst den Platz, wo die Zuschauer sich befanden, nicht die Scene, d. h. die Bühne oder überhaupt den Ort, wo die geschauten Künste oder Spiele, Wettkämpfe oder Festzüge stattfanden. Dass dann der Name auch auf den letzteren Ort ausgedehnt wurde, konnte bei dem nothwendigen Zusammenhang von Schauen und Geschautwerden nicht ausbleiben. Ja es liesse sich sogar sagen, zu dieser zweiten Bedeutung bedürfe es gar keiner Ausdehnung oder Vertauschung des Ortes. Denn fragen wir uns, zu welchem Zwecke das Theater besucht, was dort geschaut wird, so findet sich unter den vielen Antworten hierauf auch eine Stelle des alten römischen Dichters Ovid:

« Sie kommen um zu sehn und um sich sehn zu lassen. »

Ovid behauptet dies ausdrücklich von der Damenwelt, natürlich nur von der römischen. Für die unsrige kann selbstverständlich sein Spruch nicht gelten. Sagt doch auch derselbe Dichter an einer andern Stelle:

« Die Zeiten ändern sich und wir ändern uns in ihnen. »

Zwar lässt auch ein moderner Dichter, Goethe, in einem der Prologe zu seinem Faust den Theaterdirector sagen:

« Die Damen geben sich und ihren Putz zum besten und spielen ohne Gage mit. »

Aber Goethe war auch nur ein Dichter und oft ein Schalk dazu, und so werden wir wohl thun und uns jedenfalls bessern Dank erwerben, wenn wir aus jenen Versen nur die unzweifelhafte Wahrheit entnehmen und verkünden, dass das schöne Geschlecht vorzugsweise dazu berechtigt ist sich sehen zu lassen.

Wenden wir aber von den Natur- und Kunstschönheiten des Zuschauerraumes unsere Blicke der Bühne zu, so müssen wir sogleich zugestehen, dass sie auch heute noch und wohl noch mehr als im Alterthum die Stätte ist, von welcher aus theils einzeln und abwechselnd theils in verschiedener Verbindung unter einander die grösste Menge und Mannigfaltigkeit von æsthetischen Genüssen dargeboten wird, die je nach ihrer besondern Natur mehr oder minder lebhaft Auge und Ohr, Sinn und Geist vergnügen, und dass nicht nur alle Hauptarten der reinen Kunst, sondern auch mancherlei Neben- und Afterarten, Kunststücke und Spiele dort ihre Vertretung finden. Nicht nur dass Scene und Proscenium mit gewissen architektonischen, plastischen und malerischen Reizen ausgestattet zu sein pflegen: heute ladet uns ein Vocal- und Instrumentalconcert, morgen ein declamatorischer Vortrag zu musikalischen und poëtischen Genüssen; ein andermal sind es lebende Bilder, Pantomimen, Tänze, æquilibristische oder anderweitige gymnastische Spiele, welche zum Besuch reizen, nicht zu gedenken der Zwerge, Taschenspieler, Magnetiseurs und ähnlicher Künstler, welche hier und da sich gedrungen fühlen ihr Scherflein beizutragen zur höheren Weihe des Tempels der Melpomene.

Mögen immerhin die meisten dieser Künste und Spiele eine gewisse Berechtigung haben einzeln für sich oder in Begleitung anderer ihre Stätte da aufzuschlagen, wo sie von einer möglichst grossen Versammlung von Zuschauern oder Zuhörern auftreten können: am gewaltigsten wirken und seine höchste Bestimmung erfüllen wird doch das Theater erst dann, wenn *alle Hauptarten der reinen Kunst, Poësie, Musik* und *bildende Künste*, indem sie zu ihrer Vermittelung die Schauspielkunst oder *Mimik* hinzunehmen, dort in angemessener Weise zusammenwirken zur Erzeugung des grossartigsten Gesammtkunstwerkes, zur *vollständigen Aufführung dramatischer Dichtungen.*

Wenn die Aufbietung sämmtlicher Hauptkünste, die gemeinsame Verwendung all ihrer Künste und Mittel nicht zu einer unkünstlerischen Verschwendung werden soll, so darf der aufzustellende Inhalt eben kein anderer sein als *der höchste Inhalt der Kunst überhaupt*, und dieser ist nirgends anders zu finden als in der höchsten Sphäre des Menschenlebens, in der Sphäre des *sittlichen Geistes.* Der Gesammtinhalt einer dramatischen Aufführung also ist, wie schon der Name sagt, Handlung und zwar, sofern sie ein Werk der schönen Kunst sein soll, *ideale Handlung,* ein zugleich innerer und äusserer, im Verkehr von Menschen mit Menschen aus dem Menschengeist erzeugter Vorgang oder eine Reihe solcher Vorgänge, welche von einer bestimmten sittlichen Idee so durchdrungen sind, dass sie innerlich zusammenhangen und nach aussen sich abrunden, kurz sich zu einem einheitlichen Ganzen zusammenschliessen. Dass hier ausdrücklich nur *Menschen*, nicht Gott oder Götter als handelnde Personen bezeichnet sind, darf nicht befremden; denn Gegenstand der Kunst kann die Gottheit nur sein, sofern sie erscheint, in der Welt sich offenbart; ihre höchste, vollkommenste Offenbarung aber ist die sittliche Menschenthat, und wenn die religiöse Phantasie den Künstler antreibt sich der Darstellung des göttlichen Wesens an und für sich zu erkühnen, so kann ihm die beziehungsweise würdigste Lösung dieser Aufgabe nur durch mythische oder allegorische Vermenschlichung gelingen.

Müssen wir hiernach zugestehen, eine ideale Handlung habe vorzugsweise, ja streng genommen allein Anspruch darauf, dass zu ihrer Darstellung die Schaubühne den grossartigsten Verein von Künsten aufbiete: so ist hinwieder auch nur dieser im Stande dem höchsten Kunstinhalt den vollen Eindruck, den er hervorzubringen verdient, die gewaltigste und vollkommenste Wirkung, welche der Kunst überhaupt mit ihren Mitteln erreichbar ist, zu sichern.

Diese *Wirkung* ist eine unläugbare und allbekannte Thatsache. Indem die mimisch-scenische Darstellung eines dramatischen Gedichtes eine ideale Handlung ganz in Form einer Handlung, mit dem vollsten Scheine der Wirklichkeit zur Anschauung bringt; indem sie dieselbe durch Nachahmung der Worte, Mienen, Gebärden und Kleidung der handelnden Personen so wie des Ortes, wo sie stattfindet, unmittelbar gegenwärtig darstellt und ein möglichst vollständiges, anschauliches und lebendiges Bild des Menschenlebens auf seiner höchsten Stufe unseren Sinnen und unserem Geiste, unserer Phantasie und unserem Gemüthe zugleich einprägt: gewährt sie uns nicht nur den lebendigsten æsthetischen Genuss, sondern regt auch tief und mächtig den sittlichen Geist an, belebt und kräftigt den Willen und treibt zur That wie kein anderes Werk der Kunst. Mit dieser Leistung ist die Kunst auf dem Punkte angelangt, wo sie unaufhaltsam die Schranken ihres eigenen Gebietes durchbricht und in das wirkliche Leben hinüberströmt. Hiermit soll einzelnen anderen

Künsten eine ähnliche Einwirkung durchaus nicht abgesprochen werden. Die Geschichte zeigt uns an einer reichen Fülle von Beispielen, wie gewaltig namentlich Malerei, Musik und Poësie in das Leben nicht nur einzelner Menschen sondern auch ganzer Völker einzugreifen, zu grossen Thaten zu entflammen und hinwieder den Sturm der Leidenschaften zu beschwichtigen vermögen. Keine dieser Künste aber ergreift den Menschen so in seiner Ganzheit und so harmonisch, dringt so gleichmässig in Geist und Gemüth zugleich ein, durchleuchtet die entzündeten Gefühle und Triebe zugleich so hell mit dem Lichte des vollbewussten Gedankens. Und eben deshalb vermag keine mit gleicher Sicherheit und in gleichem Grade mit der Stärke die Reinheit und Hoheit des Eindrucks zu verbinden, mit der Belebung und Kräftigung zugleich die sittliche Läuterung zu bewirken wie das mit den vollständigen theatralischen Mitteln dargestellte Drama. Diese Wirkung ist selbst dann, wenn sie sich auf Geist und Gemüth der einzelnen Zuschauer für sich beschränkt, ungemein hoch, jedenfalls höher anzuschlagen, als gewöhnlich geschieht, und sie ist in Wahrheit gewaltiger und allgemeiner, als es scheinen mag — denn wohl nur in den seltensten Fällen tritt sie so offen und plötzlich zu Tage wie in der Sage von den Mördern des Ibykos —: auf dem Gipfel seiner Macht aber erscheint das dramatische Theater durch seinen Einfluss auf den Gemeingeist eines Volkes, auf die Erweckung, Belebung und Lenkung nationaler und politischer Gefühle und Gesinnungen. Und hierzu bedarf es nicht unumgänglich nothwendig einer dramatischen Handlung, in welcher eine Idee von unmittelbarer politischer Bedeutung sich verwirklicht oder angestrebt wird; denn auf dem Gebiete der Sittlichkeit kann ein Schlag tausend Verbindungen schlagen und mittelbar jede Idee politische Bedeutung gewinnen, zumal in Zeiten des entwickelten Volksbewusstseins und des Dranges öffentlicher Interessen. Mag auch einem solchen theatralischen Eindruck Entschluss und That selten so rasch entscheidend auf dem Fusse folgen, wie dies z. B. im Jahr 1830 bei Aufführung der Oper «die Stumme von Portici» zu Brüssel der Fall gewesen ist; mögen selbst politische Demonstrationen des Theaterpublikums, wie sie uns bis zum Jahr 1859 so häufig aus dem nach Unabhängigkeit ringenden Italien gemeldet wurden, ungewöhnliche Erscheinungen zu nennen sein und eine bereits vorhandene ungewöhnliche Aufregung des Volksgeistes voraussetzen; mag selbst bei gebildeten Nationen Jahrzehnte und Jahrhunderte hindurch eine politische Wirksamkeit des Theaters wenig oder gar nicht bemerklich sein: die vorhandenen Thatsachen beweisen zur Genüge, was in dieser Hinsicht das Theater vermag, und die unzweideutigste Anerkennung der ihm inwohnenden politischen Kraft hat sich von jeher bei allen Culturvölkern kundgegeben in der Aufmerksamkeit, welche die Staatslenker dem Theater zugewandt, in den grossen Opfern, welche sie zu seiner Förderung dargebracht, sowie in den Massregeln, welche sie zu seiner Beschränkung und Unterdrückung zu ergreifen für gut gefunden haben.

In der Zeit, wo *Athen*, die Stätte der Geburt und der vollkommensten Ausbildung des griechischen Drama's, sich auf dem Gipfel seiner Macht und seiner demokratischen Entwicklung befand, war das Theater ganz Sache des Staates. Der Staat errichtete den dem Dionysos geweihten grossartigen steinernen Schaupallast an der Südseite der Akropolis, in welchem ausser der gesammten Bürgerschaft noch eine aus ganz Griechenland zusammenströmende Menge von Fremden Platz fand. Den ärmeren Bürgern wurde das Eintrittsgeld (Theorikon) aus der Staatskasse gezahlt. Der Staat besoldete die Schauspieler, welche für die Zulassung zu den in verschiedene Grade getheilten Rollen eine Staatsprüfung zu bestehen hatten; er ertheilte den Dichtern· den Lohn für die Aufführung neuer Stücke und den Siegern im dramatischen Wettstreit besondere Ehrenpreise, über welche fünf von ihm eigens dazu eingesetzte Richter zu entscheiden hatten. An den ersten oder zweiten Regierungsrath (den Archon Eponymos oder den Archon Basileus) musste sich der Dichter wenden um den zum Drama gehörenden Chor zugewiesen zu erhalten, und wenn die kostspielige Ausrüstung des letzteren nicht unmittelbar vom Staate, sondern von einzelnen reichen Bürgern übernommen wurde, so war dies doch eine vom Staat ihnen auferlegte Pflicht (Leiturgie, Volkswerk); sie erfüllten sie im Namen ihres Stammes (Phyle), und die damit verbundene Ehre rief einen lebhaften Wetteifer der verschiedenen Stämme unter einander hervor. Endlich nahm auch der Staat die Urschriften der dramatischen Meisterwerke in Verwahrung und verpflichtete, um sie vor willkürlichen Abänderungen und Entstellungen zu sichern, jeden Schauspieler vor seinem Auftreten zur genauesten Vergleichung derselben mit seiner Abschrift.

So redlich und erfolgreich auch dies alles darauf abzielte die dramatische Kunst als Quelle des würdigsten Genusses und als eins der trefflichsten und wirksamsten Bildungsmittel für den freien attischen Bürger zu fördern und zu vervollkommnen: so weist doch die von der obersten Staatsbehörde übernommene Leitung bereits auf die Erkenntniss der Gefahr hin, welche von derselben Seite her für den Staat entspringen konnte, und wir müssen ein solches Verhalten als eine an und für sich wohlberechtigte Fürsorge gelten lassen. Wenn einer der geistreichsten und edelsten Bürger desselben Staates, der Philosoph Platon, der doch in seiner Jugend noch die guten Zeiten der dramatischen Kunst gesehen hatte, die dramatischen Dichter in seiner idealen Republik nicht dulden wollte: so werden wir zwar mit einer so radikalen Massregel schwerlich einverstanden sein, im Hinblick auf die zu seiner Zeit bereits hereinbrechende Verderbniss des attischen Theaters aber sie von seinem Standpunkt aus erklärlich finden, ihr Motiv achten und eingestehen müssen, dass sich darin jedenfalls eine höhere Meinung von der Wichtigkeit des Theaters kundgibt als da, wo die Staats- oder Gemeindsbehörden sich um dasselbe gar nicht kümmern, ebenso wenig unterstützend und fördernd als hütend und beschränkend.

Hinmit soll nichts weniger als einem zudringlichen Eingreifen des Staates in das Theaterwesen das Wort geredet sein; gerade in dieser Richtung wird nur allzuleicht und allzuoft gesündigt. Am allerwenigsten möchte ich dem modernen Theater zu der glänzenden Freigebigkeit und sorglichen Theilnahme der meisten Fürstenhöfe Glück wünschen. «*Die* Griechen fürchte ich, und doppelt wenn sie schenken.» Allerdings mögen Künstler und Verwaltungsbeamten es sich an den meisten Hoftheatern wohl gefallen lassen und der Hof selbst dabei sein Vergnügen und seinen Vortheil finden. Das Vertragsformular des dresdener Hoftheaters z. B. stellt an die Schauspieler in erster Linie buchstäblich die Verpflichtung « Alles aufzubieten um durch ihr Talent das Vergnügen des Königl. Hofes und die Zufriedenheit der Königl. Theaterdirection, so viel an ihnen ist, und in jeder Rücksicht zu befördern. » Was aber die Kunst und das Volk dabei gewinnen, das ist eine andere Frage. Hier gilt der Spruch : « wer zahlt, befiehlt, » und das ist gefährlich, zumal wenn das Geld aus der Privatkasse des Fürsten fliesst; denn nur zu häufig fliesst daraus zugleich ein schlechter Geschmack, welchem die abhängige Bühne keinen Damm entgegensetzen kann; an die Stelle echten Kunstgenusses tritt nur zu leicht frivoler Reiz, und die ästhetisch und moralisch verderbte Hofluft wirkt auf weitere Kreise nirgends so ansteckend als im Hoftheater. Zwar können wir nicht läugnen, dass hier und da, wo ein günstiges Geschick echt kunstsinnige Fürsten mit hervorragenden Künstlern zusammenführte, das Theater auf einige Zeit einen höchst erfreulichen Aufschwung genommen hat, wie namentlich zu Weimar an dem Musenhofe Amaliens und Karl Augusts; aber alsdann fällt das Hauptverdienst doch immer auf Seite der Künstler. Für die meisten dieser vielgepriesenen Erscheinungen gilt das Sprichwort: « nicht Alles, was glänzt, ist Gold, » und es liesse sich nicht allzuschwer nachweisen, dass die Pflege des Theaters gerade an den Höfen der grössten Fürsten der Kunst am seltensten echten und dauernden Gewinn eingetragen hat; denn ihr fehlte das zur vollkommenen Entwicklung ihrer Blüthe unentbehrlichste Element, die ästhetische und staatsbürgerliche *Freiheit*. Das vermeintliche Interesse der Fürsten geht bekanntlich mit dem der Völker nicht immer

Hand in Hand, und jene pflegen zur Wahrung des ihrigen in der Ergreifung und Ausbeutung von Machtmitteln nicht blöde zu sein. Daher muss denn, wie Religion und Wissenschaft, so auch die Kunst, vor allem die dramatische, als eine politische Macht, welche von Haus aus allem Herrendienst abhold ist, durch Pressung in Sold genommen und durch Bestechung oder Gewalt unschädlich gemacht werden. Ist es auch nicht immer und nicht ausschliesslich die Furcht vor einer dem Herrchersystem zuwiderlaufenden Erweckung und Belebung, Einigung und Lenkung der Geister, welche den Kronträger von vornherein antreibt den Pegasus ins Joch zu spannen: so führt sie doch in der Regel, am liebsten versteckt, nöthigenfalls aber auch offen die Zügel, und diese verwandeln sich, wenn der Lauf des Musenrosses nicht streng genug die vorgeschriebene Bahn einhält, in Fesseln und Halseisen, welche ihm jede freie Lebensregung hemmen oder es zeitweise zu Frohndiensten zwingen, die seiner Bestimmung schnurstracks zuwiderlaufen. Aber ungestraft lässt sich das zur Freiheit und zur Befreiung geborene Flügelross nicht zwingen und missbrauchen. Selbst göttlichen Ursprungs leistet es willig und darum mit vollem und dauerndem Erfolge seinem Herrn nur solche Dienste, welche den Göttern wohlgefällig sind. Den edlen Bellerophon trägt es freudig wiehernd in die Luft empor, von wo aus es die Chimära tödtet, das verzehrende Flammen aussprühende Ungeheuer; als aber derselbe Held, durch den Besitz des göttlichen Kleinods übermüthig gemacht, ihm den Flug in den Himmel zum Frevel gegen die Götter zumuthet: da macht Zeus selbst — so berichtet der

Dichter — [1]) das Pferd durch eine Bremse scheu, und Bellerophon stürzt, durch das Licht der Himmelkörper geblendet, auf das aleïsche Feld hinab, wo er unter den bittersten Qualen seinen Geist aushaucht. — Ebenso wenig haben jemals die Mordversuche gelingen wollen, zu welchen hie und da Despotenverzweiflung und vielleicht noch häufiger Religionsfanatismus bethört hat. Den Händen der Menschen entronnen nimmt der unsterbliche Zelter allein seinen Lauf zum Olympos, wo er an den uralten Krippen des Zeus aufgenommen und gepflegt wird, oder er schaut vom unzerbrechlichen und unerreichbaren Sternenhimmel auf die ohnmächtige Wuth seiner Feinde herab, und der belebende Quell, den sein Hufschlag am Fusse des Helikon geöffnet hat, lässt sich zwar auf Zeiten verstopfen; früher oder später aber bricht er mit verdoppelter Kraft hervor, nur dass er dann zur Strafe eine Weile das Land mit trüber Schlammfluth zu überschwemmen pflegt, ehe er den reuigen Erdensöhnen aufs neue sein lauteres und läuterndes Gewässer spendet. Die englischen Puritaner, die zelotisch asketischen Parteigänger Cromwells, welche sogar « der Kirchenmusik als einem dämonischen Geheul die Ohren verstopften, » konnten zwar durch ein hartes Strafgesetz die Schliessung der Schauspielerhäuser als der Stätten eines « öffentlichen Baalsdienstes » erzwingen, aber nur so lange, als ihr Terrorismus überhaupt sich zu erhalten vermochte. Bei der Restauration der Stuarts wurde das Theater wieder in sein gutes Recht eingesetzt, und die Folge jener extremen Reaction der Puritaner war, wie gewöhnlich, nur eine Reaction

---

[1]) Pindar. Isthm. VI, 44.

zum entgegengesetzten Extreme, eine sich einseitig zur Herrschaft hervordrängende und bald in hohle Prunksucht ausartende Hinwendung zu scenischem Schmuck, mit welcher eine bedauerliche Entartung des englischen Theaters von Seiten seines innern Werthes Hand in Hand ging.

Wie sehr aber auch ein thörichtes oder feindliches Eingreifen von Herrschern oder Behörden eines Staates das künstlerische Gedeihen und die Wirksamkeit des Theaters stören und beeinträchtigen, eine weise und wohlwollende Theilnahme derselben ihm förderlich sein kann: von dieser Seite her ist weder das Schlimmste zu fürchten noch das Beste zu hoffen. Das grösste Heil und Unheil wird der dramatischen Kunst immer von innen heraus, durch sie selbst bereitet werden; von ihrem eigenen Werth oder Unwerth wird es zunächst abhangen, ob sie stärker oder schwächer, heilsam oder verderblich zu wirken vermag. Je schwerer aber diese Wirkungen in moralischer und politischer Hinsicht für die Wohlfahrt des Einzelnen und des Gemeinwesens ins Gewicht fallen; je grösser demnach die Verantwortlichkeit der zu theatralischen Vorstellungen zusammenwirkenden Künstler ist: in desto höherem Grade sind diese verpflichtet sich über das wahre Wesen und die aus demselben fliessenden Gesetze der dramatischen Kunst aufzuklären, zu deren vollkommener Ausübung ohnehin deshalb, weil sie die vermitteltste, höchste und schwierigste von allen Künsten ist, die blosse Naturgabe oder eine durch gedankenlose Uebung erworbene Fertigkeit am allerwenigsten ausreicht und strenger als bei irgend einer andern Kunst eine Erhebung des æsthetischen Gefühls und Geschmackes zum theoretischen Bewusstsein erforderlich ist. Wenn irgendwo, so gilt hier das Wort Goethe's:

> « Die Kunst ist Kunst: wer sie nicht durchgedacht,
> » Der darf sich keinen Künstler nennen. »

Und da ferner bei keinem andern Kunstwerk das Verhältniss zwischen Künstler und Publikum, zwischen Geber und Empfänger ein so unmittelbares und inniges, die Wechselwirkung zwischen beiden eine so starke und durchgängige ist wie beim Drama: so ergeht eine derartige Zumuthung auch an uns dringender als bei jeder andern Kunst, und gewiss erblicken auch Sie, M. H., eine ebenso würdige als lohnende Aufgabe in der Untersuchung der Mittel, durch welche das theatralisch aufgeführte Drama seine gewaltigen Wirkungen hervorbringt, sowie der Bedingungen, unter denen allein diese Mittel ihren Zweck erreichen können, und der Gefahren, welchen bei ihrer Nichterfüllung das Theater ausgesetzt ist und zu erliegen pflegt. Und da selbst bei den trefflichsten *Leistungen der einzelnen Künste für sich* das dramatische Theater seine Bestimmung nicht erfüllen kann ohne die strengste und sorgfältigste *Wahrung des rechten Verhältnisses derselben bei ihrem Zusammenwirken,* mithin dieses als der wichtigste und interessanteste Punkt hervortritt: so habe ich gerade ihn zum Hauptgegenstande meiner heute beginnenden Vorlesungen gewählt.

Bei der Lösung dieser Aufgabe werden wir uns aber nicht sowohl auf *moralischem* als auf *æsthetischem* Boden zu bewegen haben, selbst wenn wir als letzten Zielpunkt die *Sicherung der sittlichen Wirkung des Drama's* im Auge behalten. Denn diese Wirkung kann die Kunst, ohne sich selbst untreu zu werden, nicht unmittelbar sondern nur mittelbar durch eine möglichst vollkommene *æsthetische Wirkung*, durch Anwendung der in ihrem Bereiche liegenden Mittel und Kräfte erzielen. Mit dem trivialen Satze, dass die Kunst vor dem Richterstuhle der Moral müsse bestehen können, ist die Sache nicht abgethan, und wenn die Kunstlehre selbst allerdings diese Forderung stellt, so thut sie dies zunächst in dem eigenen Interesse der Kunst; denn alles Unmoralische ist an und für sich eben auch unschön und kann als solches nicht eigentlicher Gegenstand der Kunst sondern höchstens ein untergeordneter, in dem Ganzen eines sittlichen Kunstinhaltes sich aufhebender Bestandtheil sein. Deshalb ist aber das Moralische als solches noch keineswegs schön sondern erst dann, wenn es in einer entsprechenden Form erscheint. Diese Erscheinung mit dem sittlichen Gehalt in möglichst vollkommene Uebereinstimmung zu bringen ist eben Sache der Kunst, und je besser ihr dies gelingt, desto stärker und sicherer wird auch bei gleichem Inhalt und unter gleichen Umständen ihre moralische Wirkung sein, während eine unmittelbare, in Plan und Ausführung sich merklich eindrängende Verfolgung des moralischen Zweckes, je mehr sie auf Kosten der Schönheit stattfindet, zugleich mit der æsthetischen auch die moralische Wirkung verfehlen oder abschwächen wird. —

I.

Die Rangstellung der Poësie innerhalb des theatralisch-dramatischen Kunstvereins.

Gehen wir nun zur æsthetischen Prüfung des Vereins, in welchem die verschiedenen Hauptarten der reinen Kunst auf der dramatischen Schaubühne mit der Mimik zusammentreten, von der Frage aus, *welche unter diesen Künsten die unentbehrlichste oder doch wichtigste sei:* so scheint es beim ersten Anblick, wir müssen diese Ehre der *Mimik* zuerkennen. Und in der That gebührt sie ihr von Seiten der *Erscheinung* oder *Ausführung* des Gesammtkunstwerkes; denn indem sie mit der Recitation und Declamation aufs innigste die Action verbindet, Allem, was in Geist und Gemüth der handelnden Personen vor sich geht, durch Wort, Blick, Miene und Gebärde einen organischen Ausdruck gibt und zugleich die Aussenseite der Handlung in ihrem lebendigen Zusammenhang mit der Innenseite darstellt: bewirkt sie die Einigung der nur sichtbar und der nur hörbar darstellenden Künste. Fragen wir dagegen, wer die mimische auszuführende Darstellung vorgezeichnet habe und woher der *Inhalt* stamme, welcher dem Drama seinen höchsten Werth verleiht: so kann die Antwort nur dahin lauten, dass dieses Verdienst dem *Dichter* gebühre. Die Poësie ist die Seele, welche den ganzen Kunstcomplex des dramatischen Theaters durchdringt, in Bewegung setzt und zusammenhält.

Dramatischen Inhalt, d. h. Handlung enthält zwar auch die *Oper*, in welcher die Musik als vorwaltende Kunst auftritt, sowie auch die *Pantomime* und als besondere Form desselben das dramatische *Ballet*, eine organisch bewegte Plastik, welcher die Musik sich in ähnlicher Weise als Dienerin unterordnet, wie hinwieder dieser in der reinen Oper die Poësie dient. Aber diese Künste vermögen den höchsten Inhalt der Handlung nur mangelhaft darzustellen. Der *Pantomime* sucht zwar auch den Vorgängen und Zuständen in seinem Innern durch sein stummes Gebärdenspiel einen organischen Ausdruck zu geben; vollkommen aber gelingt ihm dies höchstens mit den Stimmungen und Bewegungen des Gemüthes; den ganzen übrigen Inhalt des Geistes dagegen vermag er nur durch unbestimmte und schwache Umrisse mit Zuziehung der äussern Umgebung oder einer conventionellen Symbolik anzudeuten, und indem er sich aufs äusserste anstrengt die ihm zu Gebote stehenden Mittel und Formen möglichst vollständig und wirksam auszubeuten, wendet er die vorwaltende Aufmerksamkeit der Zuschauer auf die Aussenseite der Handlung hin. Umgekehrt zieht in der reinen *Oper*, wenn sie nicht durch eigene Schuld dem Auge einen stärkeren Reiz darbietet als dem Ohr, die *Musik* durch ihre unsichtbaren Töne mit unwiderstehlicher Herrschergewalt den Geist des Zuhörers nach innen, treibt ihn zur Einkehr bei sich selbst. Sie eröffnet ihm weiter und tiefer als die sichtbare Gebärde vermag, das Wunderreich der Gefühle und lässt ihn darin nach Herzenslust sich in allen Richtungen ergehen. Aber *die reine oder absolute Musik* führt ihn nur in die Nacht- und Dämmerregion des Menschengeistes ein, und wenn sie vermittelst ihrer Tonbilder gewisse Stimmungen und Bewegungen des Gemüthes hervorruft und sogar die Phantasie zu Vorstellungen anregt, so vermag sie diese doch nicht mit zwingender Kraft zu bestimmen und zu lenken, wohin sie will, und muss es geschehen lassen, wenn sie bei jedem einzelnen Zuhörer nach Zufall oder Willkür sogar wesentlich verschieden ausfallen und sich in der abweisendsten Weise verbinden. Was über jene Schranke hinaus der *Gesang* für die Enthüllung der geistigen Innenseite des Drama's leistet, ist nicht mehr das Verdienst der Musik sondern derjenigen Kunst, deren Genius Schiller in der « Huldigung der Künste » von sich sagen lässt:

> « Mich hält kein Band, mich fesselt keine Schranke:
> Frei schwing' ich mich durch alle Räume fort.
> Mein unermesslich Reich ist der Gedanke,
> Und mein geflügelt Werkzeug ist das Wort.
> Was sich bewegt im Himmel und auf Erden,
> Was die Natur tief im Verborgnen schafft,
> Muss *mir* entschleiert und entsiegelt werden;
> Denn nichts beschränkt die freie Dichterkraft. »

Der Gedanke, welcher bis zum Urquell der Wahrheit hinstrebt und den Menschen erst zum vollen, tageshellen Bewusstsein seiner unendlichen Freiheit erhebt, der Gedanke, welcher tief im Herzen wiederklingend, stetig durchdrungen und durchwärmt vom Gefühl und hinwieder das Gefühl durchleuchtend als *Gesinnung* den Willen zum *Charakter* im strengen Sinne des Wortes ausbildet, er ist es, welcher der menschlichen Handlung erst ihre höchste Bedeutung, ihren vollen sittlichen Werth verleiht, der Kunst ihren höchsten Inhalt zuführt. Und diesen am vollkommensten darzustellen vermag nur die *Poësie* durch ihr geflügelt Werkzeug, das *Wort*. Die Wortsprache ist dasjenige Darstellungsmittel, welches dem Künstler nicht als ein widerspänstiger fremder Gegenstand gegenübertritt, sondern als organische Lebensäusserung drangvoll und mühelos aus unserm Innern hervorbricht und den höchsten Inhalt des Menschengeistes auf die beziehungsweise unmitteblbarste und rascheste Weise, am bestimmtesten reinsten treuesten und vollständigsten entwickelt andern Geistern mittheilt. Erst wenn das gesprochene Wort die Handlung ganz durchgeistet und innerlich erhellt, kann diese auf der höchsten æsthetischen auch die reinste und stärkste intellectuelle, religiöse und moralische Wirkung hervorbringen; dann erst wird die Schaubühne die Kunststätte, wo, um mit Schiller zu reden, « Laster und Tugend, Glückseligkeit und Elend, Thorheit und Weisheit in tausend Gemälden fasslich und wahr an dem Menschen vorübergehen; wo die Vorsehung ihre Räthsel auflöst, ihre Knoten vor seinen Augen entwickelt; wo das menschliche Herz auf den Foltern der Leidenschaft seine leisesten Regungen berichtet, alle Larven fallen, alle Schminke verfliegt und die Wahrheit unbestechlich wie Rhadamanthus Gericht hält. »

Gewiss Ihnen allen, m. H., ist es aus eigener Erfahrung bekannt, wie die Wahrnehmung des in Worten Mienen und Gebärden sich kundgebenden Eindrucks einer dramatischen Vorstellung auf einen grossen Zuschauerkreis die Kraft des Eindrucks auf den einzelnen Zuschauer steigert; wie das Bewusstsein, dass in demselben Augenblicke tausend andere Menschen von demselben Gedanken ergriffen bewegt erschüttert werden, das Vertrauen in die Macht der Wahrheit, den Glauben an die Gemeinschaft echt menschlicher Interessen, die Liebe zu unsern Mitmenschen, den Entschluss und die Kraft zu menschenwürdiger That befestigt und erhöht. Und die Zaubermacht, welche eine solche gemeinsame Wirkung am sichersten und reinsten hervorbringt, wo anders ist sie zu suchen als in dem gesprochenen oder gesungenen Worte, durch welches der Gedanke, der klarste Leitstern und festeste Anker der Sittlichkeit, erst seine volle Bestimmtheit und Deutlichkeit erhält.

Und während so die Poësie zu dem Stoff aller übrigen Künste einen neuen und zwar den höchsten hinzubringt, welchen diese entweder gar nicht oder doch nicht so vollkommen darzustellen vermögen: ist sie selbst nicht etwa genöthigt auf die Darstellung des übrigen Kunststoffes zu verzichten, sondern sie ergreift denselben zugleich mit dem ihr allein vorbehaltenen und gibt ihm durch dasselbe Mittel wie diesem und in der ihr eigenthümlichen Weise künstlerische Gestalt. Nicht nur die Formen und Farben der Aussenwelt, den speziellen Stoff der bildenden Künste, auch die zunächst in den Bereich der Musik fallenden Stimmungen und Gefühle, Alles,

> « was von Menschen nicht gewusst
> oder nicht bedacht
> durch das Labyrinth der Brust
> wandelt in der Nacht, »

kurz Alles was uns sichtbar oder hörbar erscheint, äusserlich oder innerlich besteht oder vor sich geht, bringt sie in der Form von Vorstellungen oder Gedanken uns zum Bewusstsein.

Dürfen wir aber demnach wenigstens in Betracht der Allheit des Stoffes die Poësie als *Universal-Kunst* bezeichnen; müssen wir ihr zudem wegen der ihr zukommenden Fähigkeit dem in der sittlichen That lebenden Gedanken den klarsten bestimmtesten und entwickeltsten Ausdruck zu geben und ihm das herrschende Interesse zu sichern den der höchsten Geistigkeit gebührenden Vorrang zuerkennen: so drängt sich uns die zweite Hauptfrage auf:

II.

Warum nimmt die Poësie zur Darstellung einer Handlung überhaupt noch die Mitwirkung der übrigen Künste in Anspruch?

Was kann sie dadurch noch gewinnen? Wird nicht vielmehr ihrer Würde dadurch Abbruch gethan und ihre Reinheit getrübt, wenn sie mit dem Worte, dem am leichtesten und raschesten wirkenden, am mindesten materiellen Darstellungsmittel noch die durchweg gröberen Mittel der übrigen Künste verbindet? Denn materieller, sinnlicher wirkend sind nicht nur der Stein das Metall das Holz die Farbe, welche der bildende Künstler verwendet, sondern auch der musikalische Ton, dessen voller, schwellender Leib in dem consonantisch gegliederten Sprachlaut sich verdünnt und oft bis zur äussersten Schmächtigkeit zusammenschwindet.

1. Geschichtliche Hinweisungen.

Ein Blick auf die Geschichte mag freilich Manchen eine solche Frage ziemlich müssig erscheinen lassen und zur Beschwichtigung alles Bedenkens genügen. Fast bei allen gebildeten und geschichtlich bedeutenden Völkern — als Ausnahme sind mir nur Perser und Araber bekannt — finden wir und zwar meist ziemlich früh, jedenfalls in Zeiten, wo von dramatischer Poësie im strengern Sinne noch keine Rede sein konnte, bereits mimisch-scenische Darstellungen, zunächst als rohe Versuche, hervorgegangen aus dem uns so natürlichen Nachahmungstriebe, und überall, wo sich im Fortschritt der Zeit eine dramatische Poësie ausgebildet hat, schliesst sie sich anfänglich aufs engste an die theatralische Aufführung an, ist nur für sie bestimmt und zugerichtet. Allerdings hat Wallensteins Wort: « es ist der Geist, der sich den Körper schafft, » sich in der Thatsache bewährt, dass erst nach Ausbildung des echt poëtischen Drama's, alsdann aber auch meist ungemein rasch oder doch in verhältnissmässig kurzer Frist Mimik und Scenerie zu künstlerischer Vollendung gelangt sind wie namentlich bei den Griechen nach Einführung des zweiten Schauspielers durch Aeschylos. Hinwieder ist nicht in Abrede zu stellen, dass vorher erst die dramatische Poësie durch das Theater die fruchtbarsten und lebhaftesten Anregungen erhalten hat und gezeitigt worden ist und dass in jenen früheren auch noch so unvollkommenen mimisch-scenischen Erscheinungen bereits die Idee des Drama's, wenn auch noch unbewusst gelebt und nach Verwirklichung gestrebt hat. Die überall hervortretende Priorität der unmittelbar und sichtbar nachahmenden Darstellung einer Handlung durch die handelnden Personen vor dem rein poëtischen Drama sowie die ursprüngliche Anlehnung dieses an jene und die Förderung beider durch einander spricht, wie gesagt, bereits ziemlich laut für die Berechtigung ihres theatralischen Vereins; denn die Uebereinstimmung der Völker muss einen allgemeinen und tiefen Grund haben. Aber wenn die wissenschaftliche Prüfung und Begründung der geschichtlichen Erscheinungen vom Standpunkt ihres Wesens und Begriffs aus schon an und für sich eine der würdigsten und lohnendsten Aufgaben des Menschengeistes ist, so wird das Bedürfniss derselben in dem vorliegenden Fall um so dringender, da die Geschichte uns auch Erscheinungen vorführt, welche ein entgegengesetztes Urtheil zu begründen scheinen. Hieher gehört zunächst die eben nicht seltene Thatsache, dass auf dem Theater die dramatische Poësie verschlechtert und mit der Zeit von demselben ganz verdrängt worden ist, und ferner, dass sie selbst sich zu Zeiten vom Theater ganz losgerissen und in den sogenannten *Lesedramen* sich zu einer besondern Literatur verselbständigt hat. Finden wir doch selbst bei den Griechen, demjenigen Volke, bei welchem die geschichtliche Entwicklung der Poësie in der normalsten Weise stattgefunden hat, zu Alexanders Zeit Dramen, welche nicht zur Aufführung bestimmt waren. Beweist jene Thatsache jedenfalls, dass aus der Verbindung mit den übrigen theatralischen Künsten der dramatischen Poësie eine gewisse Gefahr erwächst: so lässt diese sogar die Ansicht aufkommen, dass die Entstehung nicht theatralischer

Dramen als ein Fortschritt anzusehen sei, zumal da sie regelmässig in die Zeit der entwickeltern Geistescultur eines Volkes fällt und die blosse Lectur von dramatischen Gedichten, die stille und einsame sowie die laute und gemeinsame gerade bei dem gebildetsten Theile des Volkes im Schwang ist, ja selbst hervorragende dramatische Talente mit Verzicht auf die theatralische Aufführung sich der Dichtung von blossen Lesedramen zuwenden, wie denn gerade gegenwärtig dieser Literaturzweig in Deutschland ungemein zahlreiche Blätter und Blüten treibt. Auch fehlt es unter Dichtern und Aesthetikern nicht an gewichtigen Autoritäten, welche sich offen und entschieden für das rein poëtische Drama ausgesprochen und dessen Genuss für den vollkommneren erklärt haben.

2. *Widerlegung eines Einwandes.*

Höchst merkwürdig ist namentlich der *Ausspruch* eines unserer classischen Dramendichter, *Gœthe's*, in der Abhandlung « Shakspeare und kein Ende. »

« Durch's lebendige Wort, sagt er, wirkt Shakspeare, und dieses lässt sich beim Vorlesen am besten überliefern: der Hörer wird nicht zerstreut, weder durch schickliche noch durch unschickliche Darstellung. Es gibt keinen höhern Genuss als sich mit geschlossenen Augen durch eine natürlich richtige Stimme ein Shakspearesches Stück nicht declamiren sondern recitiren zu lassen. » Und gegen das Ende der Abhandlung spricht er sogar die Meinung aus, es wäre kein Unglück, wenn Shakspeare ganz von der deutschen Bühne verdrängt würde; denn der einsame oder gesellige Leser werde von ihm desto reinere Freude empfinden [1]).

Wenn Goethe mit diesen Worten sowie in der ganzen Abhandlung, welcher sie angehören, das Hauptinteresse des Drama's der Innenseite der Handlung, dem in ihr lebenden Geiste zuspricht; wenn er Shakspeare deshalb einen der grössten Dichter nennt, weil er uns zum Bewusstsein bringt, wie in jedem Augenblick der Handlung dem Menschen zu Muthe ist; wenn er an ihm rühmend hervorhebt, dass er uns zum Vertrauten seiner dramatischen Personen macht, dass in seinen Dramen Alles, was bei einer grossen Weltbegebenheit heimlich durch die Lüfte säuselt, was in Momenten ungeheurer Ereignisse sich in den Herzen der Menschen verbirgt, ausgesprochen, was ein Gemüth ängstlich verschliesst und versteckt, hier frei und flüssig an den Tag gefördert wird, dass wir durch ihn, den Gesellen des Weltgeistes, die Wahrheit des Lebens erfahren ohne zu wissen wie; wenn Goethe demgemäss die Hauptwirkung echter Dramen dem lebendigen Worte zuschreibt: so werden Sie, m. H., ihn sofort als den Dichter der Iphigenie und des Tasso wiedererkannt haben und wesentlich mit ihm einverstanden sein. Ueber das Verfahren hingegen, welches er zur sichern Erzielung des höchsten dramatischen Genusses einzuschlagen für gut findet, dürften Sie eher getheilter Meinung sein.

Der fragliche Ausspruch Goethe's ist für die künstlerische Praxis sowie für die Kunstlehre von ungemeiner

---

[1]) Bd. 45. S. 40, 57.

Tragweite und eine streng wissenschaftliche Entscheidung über seine Gültigkeit verlangt ein Zurückgeben auf die Principien der Aesthetik. Denn indem Gœthe nicht nur die Mitwirkung der sichtbar darstellenden Künste als störend für den dramatischen Genuss verwirft sondern auch den mündlichen Vortrag unter Verschmähung der Declamation auf die Recitation beschränkt wissen will, scheint er dem sogenannten *Material* oder *sinnlichen Darstellungsmittel* der Kunst und der in ihm erscheinenden Aussenseite des Kunstwerkes die möglichst niedrige Werthstufe zuzuweisen, sie zu der Innenseite oder dem geistigen Inhalt in das Verhältniss der tiefsten Unterordnung zu setzen und als eigentliches Ziel nur die Befriedigung der Phantasie, der rein innerlichen Sinnlichkeit des Geistes, als höchste Leistung des Drama's und der Kunst überhaupt die Erzeugung eines nur innerlich angeschauten Bildes anzuerkennen, bei welcher die materiellen Kunstmittel, da sie nun einmal nicht ganz entbehrt werden können, nur als nothwendige Uebel zu behandeln, mithin so viel als möglich entbehrlich zu machen und zu vermeiden seien. So kann bei der grossen Autorität Gœthe's die angeführte Stelle leicht einer einseitig idealistischen Auffassung der Kunst Vorschub leisten, welcher wir meines Erachtens uns entschieden zu widersetzen haben.

II. Dass Gœthe selbst durch das von ihm empfohlene Verhalten den *reinsten* dramatischen Genuss gefunden habe, daran dürfen wir nicht im mindesten zweifeln. Dass dabei gerade *ihm* die Mitwirkung der sinnlichen Kunstmittel in solchem Grade entbehrlich, ihre Herabsetzung auf das unentbehrliche Minimum sogar förderlich erschien, das zeugt zunächst von der ihm von Haus aus eigenen und durch beständige Uebung während einer langen Reihe von Jahren gesteigerten Kraft der poëtischen Phantasie, welche ihn auf den Gipfel des deutschen Parnass erhoben hat. Gestehen wir überdies auch zu, dass ausser ihm noch manche mit ähnlicher Naturgabe und Bildung ausgestattete Geister in seiner Weise das Drama rein zu geniessen im Stande seien: so wird dies doch immer nur das Privilegium einer nicht gar zahlreichen æsthetischen Aristokratie bleiben. Die Kunst aber und vor allem die dramatische ist nicht dazu da eine verhältnissmässig geringe Anzahl bevorzugter Menschen, seien es Künstler Kunstkenner oder Kunstfreunde, zu beschäftigen und zu erfreuen: ihr Genuss soll möglichst weiten Kreisen, ganzen Völkern, in letzter Linie wo möglich der ganzen Menschheit zu Theil werden. Erst dann erhält sie ihre höchste Bestimmung; erst dann bringt sie jene gewaltige Wirkung hervor, von welcher in unserer ersten Vorlesung die Rede gewesen ist. Diese ist aber bei der von Goethe empfohlenen Beschränkung des sinnlichen Darstellungsmittels nicht zu erreichen. Der Geist der weitaus meisten Menschen wird sich nie in dem hierzu erforderlichen Grade aus den Banden der Sinnlichkeit befreien; die Phantasie als das Organ der inneren Anschauung von Idealen ist, ganz besonders in Zeiten fortgeschrittener Verstandesbildung, — und geradezu in diese fällt die Entwicklung der dramatischen Poësie — im allgemeinen viel zu enge mit der Thätigkeit der äusseren Organe verflochten und von ihr abhängig, als dass sie deren Mitwirkung entbehren könnte;

sie verlangt diese vielmehr zu ihrer Erweckung, Belebung und Leitung, und vorausgesetzt, dass diesem Verlangen in echt künstlerischer Weise entsprochen wird, darf sie des wünschbaren æsthetischen Erfolges gewiss sein.

Denn sehen wir uns einmal den Grund, auf welchem das Gœthe'sche Bedenken beruht, etwas näher an. Das Drama soll nach ihm nicht sichtbar aufgeführt werden, damit der Hörer nicht zerstreut werde, weder durch schickliche noch durch unschickliche Darstellung. Die zerstreuende oder störende Kraft unschicklicher Darstellung gestehen wir ohne weiteres zu, und wo das Theater uns nur eine solche zu bieten vermag, da können wir in der That niemanden darum verdenken, wenn er das laute oder stille, gesellige oder einsame Lesen eines dramatischen Gedichtes vorzieht. Dort werden gerade die æsthetisch am meisten Gebildeten, und zwar mit vollem Rechte, zu einem solchen Verfahren ihre Zuflucht nehmen. Dieser Fall kann aber für unsere Frage gar nicht in Betracht kommen. Der Missbrauch hebt bekanntlich den Werth und die Berechtigung einer Sache an und für sich nicht auf, und für die theoretische Beurtheilung der theatralischen Aufführung überhaupt kann die . wenn auch noch so häufig vorkommende Pfuscherei der ausübenden Künstler ebenso wenig als Norm gelten wie ein Publicum, welches für die sichtbare Aussenseite eines Drama's allzuviel, für die Innenseite allzuwenig Sinn hat, und bei welchem die Unterlassung der sichtbaren Darstellung gerade am allerwenigsten zum Ziele führen würde. Wir haben hier nur auf eine schickliche Darstellung echter dramatischer Gedichte für solche Zuschauer Rücksicht zu nehmen, welche überhaupt im Stande sind den geistigen Gehalt eines Drama's, wenn auch nicht zum vollsten und intensivsten Bewusstsein zu bringen, doch wenigstens anzuempfinden, und diese werden in Zeiten, wo überhaupt eine echt dramatische Dichtung hat entstehen können, wenn auch nicht die Mehrheit doch den eigentlichen Kern des Publicums bilden. Unter einer schicklichen theatralischen Darstellung aber ist, was heute nur vorläufig angedeutet werden kann, eine solche zu verstehen, welche nicht nur das dem Dichter innerlich vorschwebende Bild der Aussenseite der Handlung in möglichst unmittelbarer und getreuer, anschaulicher und lebendiger Weise dem Zuschauer sichtbar macht, sondern sich auch in der Anwendung der hierzu dienenden Mittel so beschränkt, dass ihr Eindruck auf das Auge den Eindruck des gehörten Wortes auf den Geist nicht überwältigt und das Interesse nicht ungebührlich von innen nach aussen zieht. Eine solche für die Beurtheilung der Sache an und für sich allein massgebende Darstellung *muss* nicht nur das Ziel der Künstler sein sondern *kann* auch gar wohl erreicht werden. Wie aber diese den reinen Genuss des Drama's beeinträchtigen müsse, ist nicht abzusehen; eine spätere Untersuchung wird vielmehr das Gegentheil darthun. Für jetzt sei nur das bemerkt, dass die Störung, welche Goethe vermeiden will, vielmehr gerade dann in höherem Grade zu erwarten und weit schwerer zu vermeiden ist, wenn die künstlerische Darstellung des sichtbaren Theiles der Handlung unterbleibt. Denn an die Stelle der idealen Aussenwelt, d. h. derjenigen, welche der geistigen Anschauung des Dichters entspricht, tritt alsdann eine reale, ohne Rücksicht auf die bestimmte dramatische Handlung gestaltete, und diese wird immer mehr oder minder, in Bezug auf Personen und

Sachen, von jener abweichen, ja mit ihr in Widerspruch treten. Dem Eindruck der sichtbaren Aussenwelt auf unsere äussere und innere Anschauung aber können wir als organische Wesen sinnlich geistiger Natur nun einmal nicht entfliehen, wenigstens nicht im wachen Zustand und mit offenen Augen. Die Ueberwindung der Störung oder Zerstreuung, welche durch den Widerspruch des realen und des idealen Bildes hervorgebrabht wird, erschwert jedenfalls den reinen und vollen Kunstgenuss und ist, weil sie eine besondere Kraft und Anstrengung des Geistes verlangt, nicht jedermanns Sache. Auch ist sie unbedingtes Hinderniss nur bei dem Dichter, welcher das Drama erst zu schaffen hat und das an die Stelle der unmittelbaren äussern Anschauung zu setzende ideale Bild zunächst in seiner innern Anschauung erzeugen muss; bei dem Zuschauer dagegen kann im allgemeinen eine gleiche Stärke der Phantasie weder verlangt noch erwartet werden. Freilich dürfen und müssen wir auch bei ihm in gewisser Hinsicht gewisse Zumuthungen und Voraussetzungen machen. Der echte Genuss eines uns dargebotenen Kunstwerkes ist durchaus kein bloss passiver; er verlangt immer mehr oder minder geistige Selbstthätigkeit, und der griechische Spruch: « das Schöne ist schwer, » enthält, mit einem Körnlein Salz versehen, unbestreitbare Wahrheit nicht nur für den schaffenden Künstler sondern auch für den Zuschauer oder Hörer des Kunstwerkes. Aufgabe des Künstlers aber ist es nicht etwa, den Genuss seines Werkes unnöthiger Weise zu erschweren sondern vielmehr möglichst zu erleichtern und die Schwierigkeiten des Genusses auf diejenigen zu beschränken, welche von der Sache unzertrennlich sind. Jedenfalls wird er sich dadurch den allgemeinsten Dank erwerben, und danach soll er streben, soweit er dies vermag ohne den Gesetzen seiner Kunst zuwiderzuhandeln. Die grössere oder geringere Schwierigkeit des Verständnisses und Genusses entscheidet zwar noch nicht über den æsthetischen Werth eines Kunstwerkes, wohl aber über dessen engeren oder weiteren Wirkungskreis.

Dies wusste Goethe selbst auch gar wohl. Schrieb er doch bald nach Vollendung von « Hermann und Dorothea » an Schiller: « Warum gelingt uns das Epische so selten? weil wir keine Zuhörer haben. Und warum ist das Streben nach theatralischen Arbeiten so gross? weil bei uns das Drama die einzige sinnlich reizende Dichtung ist, von deren Ausübung man einen gewissen gegenwärtigen Genuss hoffen kann. » Auch hat er durch die That den stärksten Beweis geliefert, wie sehr er die allgemeine Berechtigung der theatralischen Aufführung des Drama's anerkannte, indem er fast drei Jahrzehnte hindurch (1791—1817), und gerade während er die von uns erörterte Stelle schrieb, seine kostbare Zeit der sorgfältigen und unermüdlichen Leitung des weimarschen Theaters widmete und noch länger gewidmet haben würde, wenn der Hund des Aubry ihn nicht aus diesem schönen Wirkungskreise vertrieben hätte. Und eben dieses enge Verhältniss zum Theater ist es, was uns wohl den besten Aufschluss darüber gibt, dass ihn persönlich die theatralische Aufführung im Genusse eines Drama's, besonders eines Shakspeareschen störte : sie drängte ihn fast unwiderstehlich zu einem kritischen Verhalten; die Kritik aber ist bekanntlich, wenn sie auch dazu dienlich, ja beziehungsweise unentbehrlich ist einen höhern Kunstgenuss zu vermitteln, doch wenigstens für die Zeit, in welcher sie geübt wird, die Todfeindin des rein æsthetischen Genusses. So dürfen wir denn jenem scheinbar theaterfeindlichen Ausspruch Goethe's nicht ohne weiteres eine allgemeine Geltung zuschreiben.

Uebrigens erkennt Goethe selbst auch die störende Kraft der nicht zu theatralischem Zwecke zugerichteten Aussenwelt mittelbar dadurch an, dass er das Drama mit geschlossenen Augen anhören will. Und was *er* hiermit als störend zu vermeiden suchte, sollte das etwa für die zahllose Menge minder starker Geister minder störend sein? Diesen müsste also consequenter Weise Goethe's Rath um so dringender eingeschärft werden. Dass *er*, wenn ihm *Balladen* vorgesungen wurden, wirklich wie der Sänger in seiner eigenen Ballade die Augen einzudrücken pflegte, ist durch Augenzeugen bestätigt. Ob er beim Vorlesen von *Dramen* dasselbe Verhalten oft und von Anfang bis zu Ende beobachtet habe, darüber dürfen wir uns wohl einigen Zweifel erlauben. Noch stärker aber dürfen wir bezweifeln, dass die Bevölkerung eines zum Hörsaal umgewandelten Schausaals seinem Rath und Beispiel folgen werde. Und sie wird wohl daran thun ihm nicht zu folgen; denn statt eines höheren und reineren Kunstgenusses theilhaftig zu werden, würde sie bei beharrlicher Durchführung eines solchen Vorhabens ohne Zweifel nach und nach der Gewalt des im Dunkeln umherschleichenden Schlummergottes erliegen und nach Senkung des Vorhangs den Thürstehern das Amt zufallen mit Stentors Stimme das Ende des Stückes zu verkündigen.

3. Allgemeine Begründung der theatralischen Aufführung.

Wenn aber auch ein solcher *Erfolg* des Gœthe'schen Verhaltens, wie er auf Grund der allgemeinen Menschennatur erwartet werden muss, wenig geeignet ist dasselbe von der praktischen Seite allgemein oder in weiteren Kreisen zu empfehlen: so findet doch immer noch die Frage Raum, ob nicht derjenige Genuss, zu welchem ein Gœthe für seine Person auf die besprochene Weise gelange, an und für sich der vollkommnere, der æsthetisch höher berechtigte und vielleicht eben deshalb der minder zugängliche und somit minder allgemeine sei. In diesem Falle könnte dem Publikum die Zumuthung gemacht werden sich nach Kräften, sei es durch Studium, sei es durch Gewöhnung an Gœthe's Verfahren zu einem solchen Genuss zu befähigen, und die Dichter müssten sich gedrungen fühlen ihre Dramen so einzurichten, dass die theatralische Aufführung möglichst entbehrlich, ja am liebsten unmöglich würde, damit das Publikum sich genöthigt sähe sich des niedrigern theatralischen Genusses zu entwöhnen. Wenn ich hiermit einer solchen Ansicht die Behauptung gegenüberstelle, der Genuss, den ein nur gelesenes oder gehörtes Drama gewähre, sei unter übrigens gleichen Umständen vom æsthetischen Standpunkt aus der minder vollkommene, und der dramatische Dichter müsse, selbst um als solcher das Höchste zu leisten, immer die mimisch-scenische Darstellung im Auge haben; denn sein Gedicht werde auch als solches um so vollkommener sein, je mehr es für die Schaubühne passe: so bin ich um so mehr zu einer gründlichen Untersuchung genöthigt, da die Goethe'sche Maxime, deren Erklärungsgrund wir zunächst in seiner Persönlichkeit und in seiner besondern Stellung zum Theater gefunden zu haben glauben, sich auf ein æsthetisches Prinzip zurückführen lässt, welches mit den Systemen verschiedener hoch angesehener Aesthetiker unseres Jahrhunderts im Einklang steht: auf den Satz, dass der Genuss und Werth eines Kunstwerkes überhaupt um so höher stehe, je weniger dabei die Sinne betheiligt seien. Hiernach wäre es eine in der Sache selbst begründete Besorgniss vor Zerstreuung durch Sinnenreiz, d. h. vor Abwendung der vollen Aufmerksamkeit von der geistigen Innenseite der Handlung nach der minder werthvollen Aussenseite, welche nicht nur die sichtbare mimisch-scenische Darstellung, sondern sogar den *declamatorischen Vortrag* ablehnt. Denn dieser, indem er dem Antheil, welchen das Gemüth der handelnden Personen an ihren monologischen oder dialogischen Aeusserungen hat, den Stimmungen und Gefühlen ihres Herzens, ihren Trieben und Leidenschaften den vollen Ausdruck gibt, bewirkt immer noch einen stärkeren sinnlichen Eindruck als die blosse *Recitation*, welche mit Zurückhaltung oder nur schwacher Andeutung des gemüthlichen Verhaltens vorzugsweise auf verständliche Mittheilung der ausgesprochenen Vorstellungen und Gedanken ausgeht und demgemäss zunächst auf den intellectuellen Geist der Zuhörers wirkt. Nun ist zwar die Abweisung der Declamation bei Goethe schon in so fern ganz erklärlich und gerechtfertigt, als dieselbe ohne den Hinzutritt des Mienenspiels und der Gesticulation eine ziemlich unnatürliche und zwitterhafte Darstellungsweise ist. Aber dies entscheidet nichts für die Hauptfrage; denn diese bleibt immer, ob die Unterlassung des zur Declamation allerdings geforderten Mienenspiels und der Gesten selbst, überhaupt das Streben nach Abschwächung des sinnlichen Eindruckes berechtigt sei. In diesem Falle könnten wir uns versucht fühlen, consequenter Weise als das non plus ultra aller Künste eine solche Kunst zu setzen, welche ohne alles Material ihre Bestimmung erfüllte.

Ein solches Kunstwerk zustandezubringen wäre in der That die grösste aller Künste. Denn angenommen selbst, es komme vor, dass verschiedene von einander entfernte Personen ohne vorgängige Verabredung in demselben Augenblick auf denselben Gedanken oder Entschluss verfallen und im Geiste sogar dasselbe Zwiegespräch mit einander führen: so lange die Swedenborgische Kunst, bei lebendigem Leibe mit dem Geist aus der Haut zu fahren noch nicht allgemeinere Verbreitung und allgemeineren Glauben gefunden hat, darf man es uns wohl zugutehalten, wenn wir bei der Behauptung stehen bleiben, dass Vorstellungen und Gedanken eines bestimmten Menschen sich dem Geiste eines anderen Menschen nicht unmittelbar auf rein geistigem Wege mittheilen lassen. Bedürfen ja sogar die Klopfgeister eines Mediums, welches nicht völlig reiner Geist ist. So kann auch der Künstler seine Aufgabe das in seiner Phantasie entsprungene und bis zu einem gewissen Grade der Vollkommenheit ausgestaltete Bild in den Geist anderer Menschen hinüberzutragen nur dadurch lösen, dass er ihm äusseres Dasein verleiht, sei dieses nun ein räumlich festes dauerndes und von seiner Person losgelöstes, wie in den bildenden Künsten, oder ein von seiner rein organischen oder zugleich mechanischen Thätigkeit unzertrennliches, mit ihr zeitlich verlaufendes und verschwindendes, wie in der Musik und der Poësie. Und hierzu bedarf es in allen Fällen irgend eines sinnlichen Materials oder Körpers; denn nicht allein dass an Körpern Gestalt und Farbe haften, welche durch die Vermittelung der Lichtwelle sich unserem Auge einprägen und an den Werken der bildenden Kunst zunächst zu unserer äussern dann auch zur innern Anschauung gelangen: Körper sind es auch, von denen sich bei ihrem Erzittern der musikalische Ton und der poëtische Sprachlaut loslöst, welcher durch die Luftwelle unserem Ohr zugetragen wird und mit der Phantasie zugleich das Gemüth bewegt von der zartesten Erzitterung bis zur gewaltigsten Erschütterung. Sind es nun auch nicht die Körper an sich, d. h. ihr stofflicher, am Durchschnitt erkennbarer Inhalt, sondern vielmehr bei den bildenden Künsten ihre scheinhaften, auf der Oberfläche hervortretenden Eigenschaften, bei der Musik und Poësie die zunächst von dieser ausgehenden Wirkungen und Aeusserungen, welche als eigentliche Factoren des æsthetischen Genusses in Betracht kommen: so wird doch niemand, dem nicht Sinn und Verstand ganz abhanden gekommen sind, irgend einem Kunstwetk die äussere Sinnlichkeit als unerlässliche Bedingung seines Daseins absprechen, am allerwenigsten Goethe, der innige Verehrer der bildenden Künste. Es kann nur die *grössere oder geringere Wichtigkeit*, welche der durch irgend ein *Material* bedingten äussern *Erscheinung* gegenüber dem inneren, *geistigen Elemente* des Kunstwerkes zukomme, in Frage gestellt werden, und hier scheiden sich in der That die Ansichten nach zwei entgegengesetzten Richtungen, deren Vermittelung der modernen Aesthetik erst gelungen ist, nachdem sie anfangs auf die Aussenseite oder die sinnliche Erscheinung und dann auf die Innenseite oder den Inhalt des Kunstwerkes, auf das der Phantasie vorschwebende Ideal, d. h. die nicht in ihrer abstracten Allgemeinheit gedachte, sondern in eine bestimmte Erscheinung eingegangene, innerlich angeschaute Idee, ein ungebührliches Uebergewicht gelegt hatte.

Es gehört nicht zu meiner Aufgabe die verschiedenen seit ihrem mehr als hundertjährigen Bestande aufgestellten Systeme der modernen Aesthetik von dieser Seite her zu charakterisiren und zu prüfen. Dagegen erscheint es zweckmässig die Erörterung der uns vorliegenden Frage an einen von mehreren Seiten her missdeuteten Satz des Koryphæen der heutigen Aesthetiker, Friedrich Vischers anzuknüpfen.

Vischer sagt in seiner Aesthetik (Th. III, Abschnitt 1, § 533): « Der Grund einer inneren Nothwendigkeit einer Theilung der Kunst in Künste liegt zunächst in der sinnlichen Ausschliesslichkeit des Materials. Jedes Material kann nur gewisse Erscheinungsseiten des Naturschönen und einen gewissen Inhalt der Idee in sich aufnehmen. Als das Organ des Schönen muss die Phantasie diese Schranke zu überwinden streben und daher je das beengendere Material mit dem vertauschen, in welchem das Leben der Erscheinung umfassender und tiefer zur Darstellung gebracht werden kann, und dieses Suchen so lange fortsetzen, bis sie *in einem gewissen Sinne* alles Material abwirft und zugleich mit dem *reinen* Schein den *vollen* Schein zu geben vermag. »

Unter dem reinen Schein versteht Vischer nach seiner

ausdrücklichen Erklärung den von dem äussern Material losgelösten innern, geistigen Schein, unter dem vollen Schein den umfassendsten. *Dieser* Schein wird nach seiner weitern Behauptung durch die Poësie gewonnen, « die kein Material *im gewöhnlichen Sinne* mehr hat, » sondern sich der Sprache nur als eines *Vehikels* oder Anregungsmittels der Phantasie bedient (§ 538) und « sich auf das reine Element des Malens mit Phantasie in Phantasie zurückzieht (§ 537), » so dass diese nun nicht allein als das Organ sondern zugleich als das Material der Kunst erscheint.

Diese Sätze sind so gedeutet worden, als sehe Vischer in der Sprache nichts als einen unentbehrlichen Nothbehelf der Poësie und in der äussern Materialität, welche trotz seines flüchtigen, fast ætherischen Wesens dem Sprachlaut doch immer noch eigen bleibt, nichts als ein Uebel, welches der Dichter zwar leider nicht völlig beseitigen könne, aber im künstlerischen Interesse doch bis aufs äusserste zu vermindern verpflichtet sei. Bei einer unbefangenen Betrachtung des Vischerschen Systems in seiner Ganzheit und im organischen Zusammenhang seiner Theile ergibt es sich, dass eine solche Deutung falsch ist. Von dieser hätte schon die so eben mitgetheilte Stelle selbst abhalten sollen, an welcher ausdrücklich gesagt ist, dass die Kunst, selbst auf dem höchsten Gipfel ihrer Geistigkeit angelangt, alles Material nur *in einem gewissen Sinne* abwerfe, mehr aber noch der unmittelbar sich anschliessende Zusatz : « die überstiegenen Stufen sind aber darum nicht aufgehoben ; denn die Beschränkung (durch das Material nämlich) bedingt die Vollkommenheit und der Gewinn im Fortgang ist nach der andern Seite ein Verlust. » Auch gibt Vischer im ferneren Verlauf der dialektischen Entwickelung seines Systems, besonders im letzten Theile, wo er von der poëtischen Gestaltung der Sprache handelt, die trefflichste Anleitung, wie jener Verlust an Materialität zu ersetzen sei. Dieser Abschnitt lässt vollends keinen Zweifel übrig, dass [nach seiner Ansicht nicht sowohl in der Materialität der Sprache an und für sich sondern vielmehr in ihrer Immaterialität oder genauer in ihrem geringen Grade von Materialität von Seiten der künstlerischen Darstellung betrachtet ein Uebel oder ein Mangel zu erblicken ist; dass in der Poësie die Kunst nicht aus grundsätzlicher Verachtung der Materie überhaupt nach der Sprache als dem am wenigsten materiellen und theilweise zu einem blossen Vehikel herabgesetzten Darstellungsmittel greift sondern deshalb, weil es ihr nur dadurch möglich wird das gesammte Stoffgebiet des Schönen in seinem vollsten Umfang zu umspannen, die ganze Welt von der untersten bis zur obersten Stufe ihrer Erscheinungen, vom elementaren Naturleben bis zum sittlichen Menschenleben zu einem einheitlichen idealen Bilde zu gestalten, nicht nur die sichtbaren und hörbaren Erscheinungen der Aussenwelt sowie die Stimmungen und Gefühle des menschlichen Herzens, kurz die ganze Stoffmasse aller übrigen Künste in die geistige Form von Vorstellungen umgegossen unserer Phantasie zuzuführen sondern auch das unermessliche Reich des Gedankens für die Kunst als letzten und höchsten Gewinn hinzuzuerobern. Die dem Vischerschen System untergeschobene Missachtung des Materials als eines der höchsten Verwirklichung der Kunstidee hinderlichen Elementes ist allerdings der modernen Aesthetik nicht fremd. Wollte doch schon *Solger* die Sprache gar nicht als äusseres

Medium oder Organ der Poësie gelten lassen, und *Schleiermacher* (Vorlesungen über Aesthetik) erklärt die Kunst für eine rein innerliche (immanente), nur im Geiste des Künstlers vor sich gehende, in ihm sich vollendende Thätigkeit und schliesst die technische Darstellung als eine nur äusserlich hinzutretende, mechanische Thätigkeit ganz von dem Gebiete der Kunst aus. Die Consequenzen einer solchen Ansicht aber sind zunächst für die poëtische Darstellung und ferner für die Stellung, welche die Kunst überhaupt auf dem Gebiete des Schönen einzunehmen hat, so bedenklich, dass allerdings eine ernstliche Widerleguug noththut.

Wenn Vischer die Sprache als Vehikel, d. h. als Anregungs- oder Mittheilungsmittel der Poësie bezeichnet und ihr die Bedeutung und den Rang eines Kunstmaterials abspricht, so hat er damit « in einem gewissen Sinne » allerdings Recht. Mit diesem letzteren Worte ist nämlich im strengeren Gebrauch nur ein solcher sinnlicher Stoff gemeint, in welchem durch künstlerische Gestaltung irgend ein idealer Inhalt *unmittelbar* zur Erscheinung kommt oder m. a. W. seinen *selbstverständlichen Ausdruck* findet. Jede bis zu einer gewissen Reife ausgebildete Sprache aber gibt ihrem wesentlichen und bedeutendsten Inhalt, dem begrifflich entwickelten und zergliederten Gedanken, nicht einen unmittelbaren, durch natürliche Einheit von Laut und Begriff, von Geistigem und Sinnlichem selbstverständlichen Ausdruck, sondern ihre meisten Bestandtheile (Wörter Wortformen und Wortverbindungen) werden erst durch den in einem bestimmten Volke aufgekommenen, von Geschlecht zu Geschlecht fortgepflanzten und befestigten *Gebrauch* verständlich, welcher mit den-

selben eine bestimmte Bedeutung verbunden hat. — So
war es freilich nicht von Uranfang. Ihren Ursprung verdankt
die Sprache einem organischen Bedürfniss und
Vorgang, in welchem sich die natürliche Einheit von Leib
und Seele aufs schlagendste kundgibt. Die von der Aussenwelt
durch die sinnlichen Organe empfangenen Eindrücke,
welche, durch die empfindenden (sensitiven) Nerven mit
elektrischer Schnelligkeit dem Gehirn mitgetheilt, zu unserm
Bewusstsein kommen, regten die bewegenden (motorischen)
Nerven der Sprechorgane zu einer Reflex-Thätigeit
an, durch welche sie im Sprachlaut einen entsprechenden
Ausdruck fanden. So waren die ältesten Bestandtheile
der Sprache Lautbilder der durch ihre eigenthümlichen
Eindrücke unterschiedenen äusseren Gegenstände und Vorgänge,
ohne weiteres verständlich durch ihre natürliche
Verwandtschaft mit diesen, wie die Töne der Musik oder
die Farben und Formen der Malerei oder Blicke, Mienen
und Gebärden des Menschen durch sich selbst einen
gewissen Inhalt ausdrücken. Diesen Charakter der Unmittelbarkeit
des Ausdrucks konnte aber die Sprache nur so
lange als vorherrschenden bewahren, als das menschliche
Seelenleben sich vorwaltend in der Sphäre der sinnlichen
Anschauung, der Einbildung und des Gefühls bewegte.
Je mehr der Geist des Volkes sich entwickelte und sich
aus den Banden der Sinnlichkeit losrang um sich frei in
sich selbst zu bewegen; je grösser durch die reifende und
mit der Zeit vorwaltende Verstandesthätigkeit der Vorrath
von abgezogenen (abstracten) Begriffen und Gedanken
wurde, welche sprachlich ausgedrückt und mitgetheilt sein
wollten; je mehr demgemäss auch mit der Zeit das freie
Bewusstsein, Absicht und Willkür an der Sprachbildung

Antheil gewann; desto lockerer musste das natürliche Band zwischen dem sinnlichen Laut und dem geistigen Inhalt des Wortes werden, desto mittelbarer und entfernter ihr Zusammenhang und desto geringer und seltener infolge dessen die Selbstverständlichkeit. Die Sprachgebilde sanken in ihrer grossen Mehrzahl von eigentlichen Ausdrücken zu blossen Symbolen oder Zeichen herab, welchen eben nur der allgemeine, mit einer gewissen Stetigkeit forterbende Gebrauch ihre Bedeutung sicherte, und selbst diejenigen Bestandtheile, bei welchen ursprünglich Laut und Inhalt in unmittelbarer Einheit, in innigster Naturverwandtschaft standen, hörten auf, den Eindruck eigentlicher Lautbilder zu machen; die Anempfindung der Wurzelbedeutung der Wörter schwächte sich immer mehr ab. So ward die Sprache in der That aus einem Darstellungsmittel oder Material im strengeren Sinne vorwaltend zu einem blossen Vehikel, weshalb denn auch nicht nur die Sprachen fremder Völker erst erlernt werden müssen sondern selbst die Muttersprache, wenn auch bei dieser die Weise der Erlernung eine andere und weniger merkliche ist. Diese Wandlung konnte um so weniger ausbleiben, da im Laufe der Jahrhunderte und Jahrtausende nicht nur der geistige Standpunkt der Völker sondern auch ihre Sinnlichkeit sich mehr oder minder verwandelt, so dass sogar dieselben Gegenstände und Vorgänge nicht mehr denselben Eindruck auf die sinnlichen Organe und das Bewusstsein machen. Daher auch kein Wunder, dass wir nach gewissen Zeiträumen nicht einmal die Sprache unserer Altvordern ohne besonderes Studium verstehen.

Dieser Entwicklungsgang der Sprache kommt nun freilich der *Prosa* als der Sprache der Wissenschaft und des realen Verkehrs der Menschen mit einander zugute; die *Poësie* dagegen hat sich dazu nichts weniger als Glück zu wünschen. Der Prosa entspricht am meisten die unter der Vorherrschaft des Verstandes, der Poësie die vorzugsweise durch die Einbildungskraft und das Gefühl gestaltete Sprache. Jener ist es nur um ein möglichst leichtes und rasches, klares und bestimmtes Verständniss der mitzutheilenden Gedanken zu thun, wobei die sinnliche Beschaffenheit und der sinnliche Eindruck des Mittheilungsmittels gleichgültig wird; diese will statt der Vorstellung unmittelbar wirklicher Einzelerscheinungen des gemeinen Lebens und statt abstract allgemeiner Gedanken, welche sie nur als Bestandtheile ihrer Schöpfungen einflechten, nicht zum letzten Ziele ihrer Darstellung machen darf, der Phantasie möglichst anschauliche ideale Bilder einprägen und gleichzeitig das Gemüth in eine ideale Stimmung versetzen, und zu diesem Behuf muss sie das sinnliche Element der Sprache um seine Mitwirkung ansprechen und wieder in seine alte Ehre einsetzen. Denn indem die Phantasie in ihren Idealen die Ideen, welche der denkende Geist in ihrer Allgemeinheit begreift, zu inneren Erscheinungen gestaltet und so den Gegensatz des reinen Gedankens und der Anschauung des Einzelnen aufhebt, bewährt sie sich als sinnlich geistige Kraft oder Sinnlichkeit des Geistes, und so fasst sie zwar als *geistigen* Stoff die Idee auf schöpft aber den Stoff zu den Erscheinungsformen, in welchen sie die Idee darstellt, vermittelst sinnlicher Organe (Auge und Ohr) aus der sichtbaren und hörbaren Aussenwelt. Sie gleicht einer Riesenpflanze, welche ihre Nahrung zugleich aus der Höhe des reinen Aethers und aus der Tiefe des Erdbodens einsaugt und durch die innigste organische Mischung aus beiden Elementen den Saft bereitet, welchem die durch Farbe und Gestalt unser Auge und Herz erfreuenden Blüten entspriessen. Für die Thätigkeit der idealbildenden Phantasie ist die äussere sinnliche Anregung ebenso wesentlich wie die geistige. Dies gilt bei dem Zuschauer oder Zuhörer eines Kunstwerkes ebenso wie bei dessen Urheber. Denn wie bei diesem zur Erzeugung so muss auch bei jenem zum vollen Genuss des Kunstwerkes die Phantasie thätig sein. Freilich findet dabei der Unterschied statt, dass sie sich bei diesem vorbildend, bei jenem nachbildend verhält und dass das Vorbilden einen höhern Grad der phantaseilichen Kraft verlangt als das Nachbilden; aber eben deshalb, weil der schaffende Künstler vor dem Zuschauer oder Zuhörer im allgemeinen die stärkere Phantasie voraushat, liegt es ihm um so mehr ob, diesem zu Hülfe zu kommen, und zu diesem Behuf muss er dafür sorgen, dass die in die Mitte zwischen sich und uns gestellten Kunstgebilde einen hinlänglich starken und angemessenen Eindruck zunächst auf unsere äusseren Sinne machen um durch diese auf unsere Phantasie zu wirken. Beides aber, die Stärke und die Angemessenheit des Eindrucks der Sinne auf die Phantasie, hängt wesentlich ab von der Innigkeit des Zusammenhangs zwischen der äussern Erscheinung und ihrem Inhalt, d. h. dem in ihr darzustellenden Ideal. Je unmittelbarer beide eins sind, desto rascher anschaulicher und lebendiger wird das Ideal in unserer Phantasie erstehen; desto reiner und ungestörter wird unser æsthetischer Genuss sein. Man vergleiche nur den Eindruck eines willkürlichen, conventionellen Zeichens oder einer symbolischen

Statue oder eines allegorischen Gemäldes mit dem eines Bildwerkes, in welchem eine Idee unmittelbar lebt, welches nicht etwas anderes sondern nur sich selbst bedeutet. Bei diesem schwelgt die Phantasie in dem warmen Gefühl ihrer Freiheit und Alleinherrschaft; bei jenem wird sie mehr oderminder niedergehalten durch die Oberherrschaft oder Einmischung des nach dem Vergleichungspunkte suchenden oder den aufgefundenen Begriff oder Gedanken für sich in seiner Abstraction festhaltenden Verstandes, oder sie löst sich auf in ein unstetes und unbehagliches Oscilliren zwischen Anschauen und Denken.

Aehnlich ist der Unterschied des Eindruckes der echt poëtischen und der prosaïschen Sprache, und es leuchtet hiernach ein, wie im Gegensatz zum Prosaïker der Poët die Sprache zu behandeln hat. Wir können seine Aufgabe in dieser Hinsicht vielleicht am kürzesten und fasslichsten damit bezeichnen, dass er die Sprache aus einem blossen Mittheilungsmittel oder Vehikel so weit als möglich wieder zum Material oder künstlerischen Darstellungsmittel zurückzugestalten, das durch die verstandesmässige Fortbildung der Sprache zwar nicht ganz zerschnittene aber doch gelockerte Band zwischen ihren sinnlichen und ihren geistigen Elementen wieder zu befestigen und möglichst enge zusammenzuziehen hat. Demgemäss wird der wahre poëtische Sprachkünstler vorzugsweise sich solcher Wörter und Wortformen bedienen, welche concrete Begriffe und Vorstellungen ausdrücken, im Gebrauche derjenigen hingegen, welche abstracte Begriffe Begriffs- und Gedankenverhältnisse ausdrücken, sich möglichst beschränken, und selbst wo diese zur geistigen Verklärung des darzustellenden Phantasiebildes in den Inhalt des

Gedichtes aufzunehmen und zum Bewusstsein zu bringen sind, sich am liebsten der mittelbar verbildlichenden metaphorischen Ausdrucksweise bedienen. Denn je sinnlicher die Bedeutung des Wortes, desto näher ist auch im allgemeinen seine natürliche Verwandtschaft mit dem Wortlaute. Am nächsten zeigt sich diese in den sogenannten Onomatopoeïen, den Wörtern, welche durch ihren Laut und Ton einen bestimmten Schall oder Klang so ähnlich nachbilden, dass sie in uns ohne weiteres die Empfindung und Vorstellung desselben erwecken; ja, ein in der ursprünglichen Einheit unseres Organismus begründetes Zusammenspielen des Gesichts- und des Gehörsinnes bewirkt sogar, dass sich mit gewissen Lauten die Vorstellung analoger Farben Formen und stofflicher Beschaffenheiten verbindet und wir mit demselben Rechte von hellen und dunkeln Vocalen, harten und weichen, starren und flüssigen oder dehnbaren, rauhen und sanften Consonanten sprechen dürfen wie der Maler von Farbentönen und der Musiker von Klangfarben. Auch dieser Sprachmittel darf und soll sich der Dichter als Sprachkünstler bedienen, freilich mit derjenigen Mässigung, welche ihn vor frivoler Spielerei bewahrt. Bereits auf diesem Wege wird sich der Dichter dem allen Künsten gemeinsamen Ziele sein inneres Ideal möglichst unmittelbar in eine äussere Erscheinung hineinzubilden, diese zum selbstverständlichen, sprechend treuen Abbild von jenem zu machen, wenigstens nähern, indem er statt gleichgültiger, an sich selbst nichtssagender, ohne Vermittlung durch den Gebrauch ganz unverständlicher Zeichen wirkliche Ausdrücke oder doch Symbole setzt, welche durch eine gewisse Aehnlichkeit ihrer sinnlichen Erscheinung ihren Sinn wenigstens andeuten.

Aber der Dichter vermag, indem er diese Richtung noch weiter verfolgt, die Sprache mit noch stärkerem Erfolge seinem Interesse dienstbar zu machen. Während er durch das bisher bezeichnete, auf die bedeutungsvolle Lautform der Wörter gerichtete Verfahren vorzugsweise die Thätigkeit des Vorstellungsvermögens unterstützt und belebt, findet er im *Versbau* sowie im *Lautwechsel* und *Gleichklang*, m. a. W. in der kunstgerechten *rhythmischen* und *phonetischen* Bearbeitung der Sprache die Mittel mit noch grösserer Unmittelbarkeit auf unserer Gemüth zu wirken, und in dieser Hinsicht jedenfalls erhebt er die Sprache wieder zur Bedeutung eines Kunstmaterials. Klangfarbe Beschaffenheit und Betonung der Sprachlaute sind an und für sich schon geeignet eine solche Wirkung hervorzubringen, indem sie ähnlich dem gesungenen Tone sowie dem Blick, der Miene und Gebärde ganz abgesehen von der durch den Gebrauch festgestellten Bedeutung der Wörter einen mehr oder minder bestimmten Inhalt unseres fühlenden Gemüthes organisch ausdrücken. Gestaltet der Dichter nun diese musikalischen Elemente der Sprache, wie wir sie nennen dürfen, nach dem Grundgesetze der Uebereinstimmung des Mannigfaltigen, der *Harmonie* im weiteren Sinne — denn mit diesem einzigen Worte ist der Zauber der poëtischen Eurythmie und Euphonie aufgedeckt —: so verstärkt er ihre Wirkung, indem das Wohlgefallen an der Schönheit der Laut- und Tonbewegungen unsere Aufmerksamkeit auf dieselben hinzieht und anspannt. Und mehr noch: er läutert und weiht sie zugleich, ruft in uns die zum Kunstgenuss erforderliche *ideale Stimmung* und Bewegung des Gemüthes hervor, deren Wesen eben Harmonie ist. Ihren höchsten æsthetischen Werth aber erhält die Harmonie der Sprache, wenn sie nicht nur in der Uebereinstimmung der verschiedenen Laute und Töne mit einander sondern in der Uebereinstimmung derselben mit dem jeweiligen besondern Sprachinhalt besteht, nicht bloss den Gegensatz der sinnlichen Sprachbestandtheile zu einander sondern den höhern Gegensatz des sinnlichen und des geistigen Elementes der Poësie zur Einheit aufhebt, m. a. W.: wenn sie als *charakteristische Eurythmie und Euphonie* auftritt, welche, bis in die einzelnen Theile des Ganzen eindringend, mit dem Namen der rhythmischen und phonetischen *Malerei* bezeichnet zu werden pflegt. Und dieser Name erschöpft nicht einmal den Werth der Sache; er drückt ihn mehr bildlich als eigentlich aus; denn, wie ich bereits bemerkt habe, ihre Wirkung trifft mehr noch das Gemüth als das Vorstellungsvermögen, ist mehr musikalisch als malerisch.

Und diese Mittel, durch welche die Poësie zu der ihr ausschliesslich eigenen Wirkung auf unsere höhere Geistesthätigkeit noch einen dem malerischen und musikalischen wenigstens ähnlichen Eindruck hinzugewinnt und einen gewissen wenn auch nicht vollen Ersatz erhält für ihre unläugbare und unvermeidliche Einbusse an Material, diese nicht etwa widerrechtlich jenen anderen Künsten zu entwendenden sondern aus der eigenen Schatzkammer zu schöpfenden Mittel sollten wir ihr missgönnen, ihre Anwendung dem Dichter verbieten, weil damit die Gefahr verbunden sei, dass durch übermässigen Sinnenreiz der Geist des Zuhörers übertäubt, das Interesse von dem Inhalt der Poësie abgezogen und dieser durch das Material in welchem er erscheine, entwürdigt und verunreinigt werde? Hierauf lässt sich nur erwidern, dass es darauf ankommt, ob die Gefahr eine unvermeidliche ist, oder ob sie nur durch Missbrauch, durch verkehrte oder übermässige Anwendung der Mittel, durch Verschwendung des Materials herbeigeführt wird. In diesem letzteren Falle kann kein Argument gegen die Sache selbst liegen, wir müssten denn auch dem Maler die Farben verbieten, damit er sie nicht zu stark auftrage. Jene Gefahr aber ist bei der Poësie in weit geringerem Grade vorhanden als bei irgend einer anderen Kunst. Der Eindruck, welchen die musikalischen Mittel der Sprache auf unsere Sinne hervorbringen, ist weit schwächer als der der malerischen Farbe und des vollen musikalischen Tones, und der Dichter darf sich ihrer schon in ziemlich reichem Masse bedienen ohne einen Ueberreiz der Sinne und infolge desselben eine Störung des geistigen Genusses befürchten zu müssen.

Wäre dagegen die fragliche Gefahr in der Sache selbst begründet; wäre die Materialität der Sprache an und für sich ein wirklicher Nachtheil für die poëtische Darstellung: dann allerdings müsste der Dichter darauf ausgehen ihr den Stempel des Vehikels, den sie im prosaischen Gebrauch schon ziemlich deutlich an der Stirn trägt, nur noch tiefer einzuprägen. Statt sie zu verdichten müsste er sie möglichst verflüchtigen, statt sie zu verkörpern sie entkörpern, entleiben. Er müsste sie nicht nur aller rhythmischen und phonetischen Reize des Versbaues und des Gleichklanges berauben sondern auch alle mittelbar oder unmittelbar bildlichen Ausdrücke vermeiden und vorzugsweise abstracte Wörter und Redensarten gebrauchen, welche uns von ihrer lautlichen Seite her am wenigsten anziehen.

Ja, er müsste consequenter Weise sogar die Schriftsprache, dieses nur sichtbare Zeichen eines Zeichens, der gehörten Lautsprache vorziehen. So zugerichtet wäre sie ihm allerdings das erzielte v e h i c u l u m in möglichst vollkommener Reinheit, d. h. zu deutsch — ein Fuhrwerk, aus welchem wir bei der Ankunft am Ziele der Reise herzlich froh sind auszusteigen, ein Telegraphendraht, der uns eine Nachricht zuschleudert, ohne dass wir nach ihm schauen, ein Briefträger, der uns nicht persönlich sondern höchstens um der überbrachten Nachricht willen interessirt und den wir je eher je lieber verabschieden um uns ungestört mit dem Inhalt der Depesche zu beschäftigen, ein Schnellläufer, der sich durch Abmagerung für seinen Dienst vervollkommnet hat. Die Sprache würde behandelt wie der Mohr, nachdem er seine Schuldigkeit gethan hat. Der Verfasser eines solchen Sprachwerkes würde allerdings für die Anfertigung eines mathematischen Compendiums oder eines amtlichen Anzeigers zu empfehlen sein; ein Dichter aber wäre er deshalb noch nicht. —

III. Die aus einseitig idealistischer Auffassung hervorgegangene Unterschätzung des Werthes, welcher dem Kunstmaterial dem Kunstinhalt gegenüber zukommt, ist aber nicht nur wegen ihrer übeln Consequenzen für die poëtische Darstellung zu bekämpfen: sie verdrängt die Kunst überhaupt aus ihrer wahren Stellung im Gebiete der Schönheit, beraubt sie des Ehrenranges, welcher ihr darin zukommt, und weist diesen dem inneren Bilde oder Ideal zu, welches sich zunächst in der Phantasie des Künstlers erzeugt und aus diesem in andere Geister hinübergetragen werden soll. Dieses *Ideal* wird nicht nur zum letzten Ziel aller Kunstthätigkeit sondern auch zur höchsten Wirklichkeitsform des Schönen erhoben, das Kunstwerk dagegen zu der Rolle eines unfreien Dieners erniedrigt.

Wir irren wohl nicht, wenn wir einen nicht geringen Antheil an dieser Verkehrung des wahren Verhältnisses dem gewöhnlichen Sprachgebrauch zuschreiben. Dieser pflegt nämlich die Bedeutung des Wortes Ideal auf eine rein innere Vorstellung, auf das geistige Urbild eines in seiner Art durchaus Vollkommenen zu beschränken, welches als solches nie in die äussere Wirklichkeit eintreten könne und somit nur der Gegenstand ungestillter Sehnsucht bleibe. Bei dieser einseitigen Vergleichung des Ideals mit der Natur im æsthetischen Sinne, d. h. mit den Gegenständen und Vorgängen der unmittelbaren ohne æsthetischen Zweck erzeugten Wirklichkeit, kann die Wissenschaft des Schönen nicht stehen bleiben. Die Natur freilich hat für uns höchstens ideale Anlage. Ihre Erscheinungen dienen der produktiven Phantasie im strengeren Sinne, der idealbildenden Einbildungskraft, nur als Rohstoffe, als Vorlagen, deren Mängel und Fehler diese durch Hineinbildung einer Idee aufhebt, und müssen ihr deshalb allerdings den Vorrang der Schönheit überlassen. Anders aber verhält es sich mit dem *Kunstwerk*. Auch dieses ist Ideal und zwar mit dem Unterschiede, dass es als äusserlich in irgend einem Material dargestelltes Ideal nicht wie die Gegenstände der unmittelbar vorliegenden Wirklichkeit dem innern Ideal des Künstlers vorangeht sondern ihm nachfolgt, aus ihm organisch erzeugt wird und erst als ideale Schöpfung dem Zuschauer oder Zuhörer wieder zur Vorlage dient für die vorwaltend reproduktive Thätigkeit seiner Phantasie. Daher sind wir wohl berechtigt die Frage aufzuwerfen, ob nicht das Kunstwerk, das aus dem Künstlergeiste hervorgegangene äussere Ideal vollkommnerer Schönheit fähig sei als das bloss innere. Diejenigen, welche dem letzteren den Vorzug geben, berufen sich gern auf einen Ausspruch, welchen *Lessing* in seiner Emilia Galotti dem Maler *Conti* in den Mund legt: «Ha, dass wir nicht unmittelbar mit den Augen malen! Auf dem langen Wege aus dem Auge durch den Arm in dem Pinsel, wie viel geht da verloren!» Allerdings viel, und es ist ganz natürlich, dass Conti in seinem Enthusiasmus für das an sich bereits schöne und durch seine Phantasie vollends verschönerte, zum inneren Ideal gewordene Original Emilia nur an diesen Verlust denkt und mit seinem Gemälde unzufrieden ist. Damit hat er aber nur die eine Seite der Sache hervorgekehrt: es ist, was freilich ihm bei seinem übermächtigen stofflichen Interesse an Emilia's Person nicht verargt werden darf, nicht berücksichtigt, was das innere Ideal bei seinem Eintritt in das äussere Dasein und durch denselben gewinnt. Allerdings weicht das vollendete Kunstbild mehr oder minder von dem Ideal ab, welches dem Geiste des Künstlers beim Beginn seiner Arbeit vorschwebte, aber nicht etwa bloss wegen Unzulänglichkeit der Darstellung: das innere Bild selbst hat sich im Verlauf derselben und durch sie verändert und zwar nicht nur zu seinem Nachtheil sondern auch zu seinem Vortheil, und der letztere ist bei dem echten Künstler überwiegend. Allerdings hat das innere Bild im Vergleich mit dem äusseren in einem gewissen Sinne mehr Idealität: die Herrschaft der reinen

Geistigkeit greift entschiedener durch; die Idee als die das Ganze gestaltende Macht ordnet sich die einzelnen Bestandtheile des inneren Bildes strenger unter und schliesst sie zu einer engeren Einheit zusammen. Aber die Geistigkeit mit der ihr eigenen strengeren Zusammenfassung zur Einheit ist eben nur das eine Element des Schönen; das andere, ebenso wesentliche ist die Sinnlichkeit und die ihr eigene individuelle Besonderheit, das Schöne selbst die innige Einheit beider. Die Sinnlichkeit aber wird, sofern sie nur eine innere bleibt und sich von dem lebendigen Verkehr mit der Aussenwelt zurückhält, in ihrem æsthetischen Rechte verkürzt, verliert die Kraft, welche dazu erforderlich ist, dass die Durchdringung der beiden Elemente des Schönen eine gegenseitige werde und bleibe. Die nur dem geistigen Auge vorschwebende Erscheinung bleibt hinter dem vor das leibliche Auge tretenden Bilde zurück an Bestimmtheit Deutlichkeit und Lebendigkeit, an Fülle und Mannigfaltigkeit der Farben und Formen und vor allem an Festigkeit: es dauert nicht aus. In dem ætherisch flüssigen Elemente des Geistes schwebend bewegt es sich fortwährend; es erzittert und verwirrt sich, erbleicht und verwischt sich selbst. Diese Gefahren und Mängel tilgt der Künstler nur dadurch, dass er sein inneres Ideal in ein äusseres Material hineinbildet, in welchem es entweder örtlich von ihm losgelöst von selbst räumlich fortbesteht oder, wenn es auch darin zeitlich verläuft und zeitweise aufhört, wie bei der Musik und der Poësie, doch, in gewissen sichtbaren Zeichen aufbewahrt, jederzeit von neuem ins volle sinnliche Dasein gerufen werden kann.

Ich muss mich hier darauf beschränken mit kurzen

Worten darauf hinzuweisen, was das Phantasiebild während des ganzen Verlaufes der eigentlichen Kunstthätigkeit, von der Conception, d. h. von dem Augenblick an, wo in dem Künstler der Trieb und Entschluss erwacht sein erstes inneres Urbild auszugestalten um es auch äusserlich darzustellen, die verschiedenen Stadien der Composition hindurch bis zur völligen Ausführung bei dem seines Materials mächtigen Künstler gewinnt: wie Fehlendes dabei ergänzt, Ungehöriges und Unmögliches ausgeschieden, Mattes belebt, Unklares verdeutlicht, Falsches berichtigt, Verworrenes oder Verkehrtes wohl geordnet, Verschwimmendes scharf abgegrenzt wird. Und dabei geht die Idealität nicht etwa verloren. Die geistige Thätigkeit setzt sich bei dem wahren Künstler auch während der Darstellung von der ersten flüchtigen Skizze an bis zum letzten Pinsel- oder Federstrich fort, und gerade die Hineinbildung des Ideals in das Material ist es, was sie anspornt, ja nöthigt das Ideal in der soeben angedeuteten Weise zu vervollkommnen. Durch den beständigen Hinblick auf das Material, durch die Rücksicht auf die Bedingungen seiner Gestaltung rege erhalten und geregelt durchdringt die Phantasie hinwieder anregend und regelnd, belebend und lenkend die ausführenden sinnlichen Organe und ruht nicht eher, als bis die äussere Erscheinung zwar nicht dem ersten noch unvollkommenen inneren Bilde wohl aber der vollkommneren inneren Gestalt, welche dieses im Verlaufe der zugleich äusseren und inneren Kunstthätigkeit gewonnen hat, möglichst genau entspricht.

Hiernach, m. H., können wir uns nicht lange bedenken, was wir antworten sollen auf die Frage des Malers Conti: «Meinen Sie, Prinz, dass Rafaël nicht das grösste malerische Genie gewesen wäre, wenn er unglücklicher Weise ohne Hände wäre geboren worden? » Das Genie wäre freilich dagewesen; aber es würde sich bei der Unmöglichkeit sich künstlerisch zu bethätigen nicht haben entwickeln können; es würde verkommen sein und der ihm inwohnende unbefriedigte Drang zu künstlerischer That würde dem Unglücklichen unsägliche Pein verursacht haben bis zu seinem allmählichen Erlöschen.

Und in ganz ähnlichem Verhältniss wie der schaffende Künstler steht zu dem Kunstwerk auch der nachschaffende Zuhörer oder Zuschauer, nur in umgekehrter Richtung. Dieser hat ihm nicht Geringeres zu verdanken. Mag immerhin die Uebertragung des inneren Ideals in die Phantasie anderer Menschen als das letzte Ziel und Resultat der Kunstthätigkeit im Auge behalten werden: eben dieses Ziel wird um so sicherer erreicht, je vollkommener der Künstler sein Ideal in dem äusseren Material vergegenständlicht und je aufmerksamer und hingebender der Zuschauer sein Auge, der Zuhörer sein Ohr dem Kunstwerke zuwendet, je inniger sich die Thätigkeit seiner Phantasie an die äussere Erscheinung anschliesst. Damit ist die freie Fort- und Ausbildung des mit dem Anschauen und Zuhören sich erzeugenden Bildes durch die Phantasie des Schauenden oder Hörenden selbst freilich nicht ausgeschlossen; ja dieses Fort- und Ausbilden steigert erst den æsthetischen Genuss zu seinem Gipfel; aber dies innere Bild hält als solches für sich auch bei dem Zuschauer oder Hörer immer nur eine gewisse Zeit aus. Nach Entfernung des Kunstwerkes, welchem es sein Dasein verdankt, verfällt es früher oder später demselben Loose, welchem es auch im Geiste des schaffenden Künstlers nicht entgehen kann, wenn die künslerische Darstellung unterbleibt.

Indem so die Kunst die in dem inneren Bilde des Künstlers lebende Idee ganz der Materie einprägt, sie völlig verkörpert und sie hinwieder aus der Materie voll und rein in die Phantasie anderer Menschen hinüberströmen lässt, hebt sie den Gegensatz von Idee und Erscheinung, von reinem Geist und Sinnlichkeit, welchen das Phantasiebild nur innerhalb der Sphäre des Menschengeistes aufhob, innerhalb einer höheren und weiteren Sphäre, innerhalb des Weltganzen auf: den Gegensatz zwischen innerer und äusserer Welt, zwischen Geist und Natur. Rechnen wir hierzu das Verdienst, dass nur durch sie die Erzeugnisse einer Geisteskraft, welche die Natur nur wenigen auserwählten Lieblingen schenkte, Gemeingut der Menschheit werden: so dürfen wir um so weniger anstehen der Kunst die höchste Ehrenstelle im Reiche der Schönheit zuzuerkennen. —

Ist aber, wie wir gesehen haben, unerlassliche Bedingung zur Erzeugung des Kunstwerkes, zur Vervollkommnung und Mittheilung des Ideals die äussere *Materie*, so kann vom æsthetischen Standpunkt aus in der Anwendung derselben, sofern sie nur in angemessener Weise stattfindet, keine Herabwürdigung des Ideals und keine Störung oder Schmälerung des Kunstgenusses liegen. Und wenden wir diesen Satz auf diejenige Kunst an, von welcher wir ausgegangen sind, so werden wir uns durch die vornehme Verachtung, mit welcher ein einseitig subjectiver Idealismus auf die Materie herabblickt, nicht verleiten lassen dem dramatischen Gedichte die declamatorische mimische und scenische Darstellung zu versagen, vielmehr sie grundsätzlich verlangen müssen, von vorn herein eine Steigerung des Kunstgenusses von ihr erwarten und geneigt sein *das theatralisch aufgeführte Drama für eine vollkommnere Kunstform zu halten als das bloss gelesene oder gehörte.* —

III.
Die Verbindung der Künste überhaupt.

Eine nähere Darlegung der mannigfachen und wesentlichen Vortheile, welche dem Drama aus einer Vereinigung der Poësie mit den übrigen theatralischen Künsten erwachsen, wird uns später diese Erwartung völlig bestätigen. Zuvor aber dürfen wir gewissenhafter Weise nicht der Frage ausweichen, *worin überhaupt die Verbindung mehrerer Künste mit einander ihren Grund habe*; in wie fern sie *berechtigt* oder *nothwendig* sei. Aus der Beantwortung dieser Frage wird sich uns nämlich zugleich die allgemeinste *Bedingung* ergeben, unter welcher allein sie zum rechten Ziele führen kann. Dabei haben wir aber sogleich wieder nähere Rücksicht auf die Poësie zu nehmen.

Haben wir bis jetzt vorzugsweise darzuthun gesucht, wie viel die Kunst dem Material zu verdanken habe, so müssen wir auch jetzt die entgegengesetzte Seite hervorkehren und den gleich zu Anfang angeführten Satz Vischers (§ 533) geltend machen, dass « jedes Material nur gewisse

Erscheinungsseiten des Schönen und einen gewissen Inhalt der Idee in sich aufnehmen kann. » Der Grund hiervon liegt darin, dass der Kunst *keine Universalmaterie* zu Gebote steht, welche die Eigenschaften und Wirkungen aller besonderen Darstellungsmittel in sich vereinigt. Unter den bildenden Künsten kann selbst die geistig entwickeltste, die *Malerei*, durch die stummen *Formen und Farben* ihres festen Materials die Innenseite des Menschenlebens nicht in völliger Bestimmtheit Klarheit und Deutlichkeit durchscheinen lassen, und gerade den höchsten geistigen Inhalt, den Gedanken, nur mittelbar andeuten, indem sie die Phantasie anregt ihre Thätigkeit für sich fortzusetzen. Die *Musik* kann durch ihre unsichtbaren und noch nicht zu Sprachlauten gegliederten *Töne* weder die sichtbaren Erscheinungen der Aussenwelt noch den begrifflich entwickelten Gedanken ausdrücken, und die phantaseiliche Thätigkeit, zu welcher sie anregt, ist in diesen Gebieten der Willkür oder dem Zufall preisgegeben. Die *Poësie* ist zwar, wie wir gesehen haben, durch die besondere Eigenthümlichkeit der Sprache in den Stand gesetzt ohne Verzichtleistung auf den Stoff der bildenden Künste und der Musik den höchsten und reinsten geistigen Inhalt in den Kreis ihrer Darstellung hineinzuziehen, also das *gesammte Stoffgebiet der Kunst*, die Welt, nach allen Seiten hin zu umspannen, und wir haben ihr *in diesem Betracht* den Namen der *Universalkunst* nicht versagen können. Aber auch nur in diesem Betracht. Denn sie hat den Gewinnst an Umfang und Werth des geistigen Inhaltes erkaufen müssen durch eine schwere Einbusse an Sinnlichkeit und Unmittelbarkeit des Ausdruckes, für welche auch die vollständigste und äusserste

Ausbeutung der musikalischen Sprachmittel keinen vollen Ersatz leistet, und wenn sie ausser dem nur ihr zugänglichen Stoffgebiete die der bildenden Künste und der Musik festhält: so vermag sie innerhalb derselben doch nicht mit gleicher künstlerischer Machtvollkommenheit und mit gleichem Erfolge zu schalten. Die Poësie bleibt an Mannigfaltigkeit Lebhaftigkeit und Innigkeit des Gefühlsausdruckes hinter der Musik, an Bestimmtheit Klarheit und Deutlichkeit der Anschauungen hinter den bildenden Künsten zurück. Und bei der Darstellung von Begriffen und Gedanken lockert sich mehr oder minder die natürliche Einheit oder Verwandtschaft zwischen Laut und Bedeutung des Wortes, sofern dieses sich aus einem unmittelbaren Ausdruck zu einem blossen Anregungsmittel des Geistes abschwächt. Der Inhalt der Poësie hat sich auf Kosten des künstlerischen Werthes der Darstellung erweitert. Kurz, es gibt keine Kunst, welche mit den ihr eigenthümlichen Mitteln die allgemeine Idee der Kunst vollständig und vollkommen zu verwirklichen, den Gesammtinhalt der Kunst so darzustellen vermöchte, dass ihre Wirkung die verschiedenen Wirkungen aller Künste ungeschwächt und unverändert, in gleicher Stärke und Reinheit mit einander verbände; m. a. W.: *weil es kein für alle Stoffgebiete gleichgenügendes Universalmittel der künstlerischen Darstellung gibt, so gibt es auch keine absolute Kunst oder Universalkunst im vollen Sinne des Wortes.*

Das ist nun einmal das unvermeidliche Loos des Schönen. Da sein Wesen eben darin besteht, dass in ihm eine Idee *erscheint* und in der Kunst wie in der Natur an ein bestimmtes Material gebunden ist: so kann es sich nur in Besonderheiten und Gegensätzen verwirklichen, in welche die Einheit und Ganzheit der Idee sich zerlegt· Sache des denkenden Geistes ist es diese Gegensätze wieder zur Einheit zusammenzufassen; aber indem er dies thut, hebt er eben die Schönheit auf in die Wahrheit, tritt aus ihrem Gebiet über in das der reinen Wissenschaft. So zerlegt sich das reine Sonnenlicht, indem seine ætherischen Strahlen sich in dem atmosphærischen Elemente der Regentropfen brechen, in bunte Farben; die Tropfen fallen zur Erde und verschwinden, und die Sonne spendet mit ihren ungebrochenen Strahlen wieder ihr reines Licht; der Himmel hat seine heitere Bläue wieder genommen; aber der schöne Bogen der Iris ist zerronnen.

Mit dem farblosen reinen Lichte der wissenschaftlichen Wahrheit allein aber wäre uns Sterblichen nicht gedient; mit unserem Leben erst schwindet das Bedürfniss und Verlangen nach den Farben der Schönheit, welche hervorbrechen bei dem Zusammenströmen des Geistes mit der Materie in unserer Anschauung und am reinsten und vollkommensten und erquickendsten erscheinen in den Künsten. Da es aber im Bereich unserer sinnlichen Wahrnehmung für die künstlerische Darstellung keine Materie gibt, an welcher die Strahlen des Geistes sich insgesammt und mit gleicher Stärke brechen wie die Strahlen der Sonne im Regentropfen; da keine für sich allein das harmonische Farbenall des Regenbogens sich entlocken lässt, mithin, wie gesagt, keine einzelne Kunst die Gesammtaufgabe der Kunst vollkommen zu lösen vermag: so bleibt uns zur Befriedigung des hochberechtigten und unabweislichen Verlangens nach möglichst vollkommener Lösung nichts anderes übrig als die verschiedenen Leistungen der einzelnen Künste zu einer Gesammtwirkung zu vereinigen.

Eine solche Vereinigung tritt am natürlichsten und angemessensten erst dann ein, wenn eine einzelne Kunst zuvor sich möglichst selbsständig für sich ausgebildet und es dahin gebracht hat, dass sie vermittelst des ihr eigenthümlichen Materials den diesem entsprechenden Stoff in seinem ganzen Umfang und in allen Theilen bis ins Einzelne hinein möglichst vollkommen darstellen kann. Hilf dir selber, so gut und so lange du irgend kannst! das ist die nächste Aufforderung, welche an jede besondere Kunst ergeht. Hat aber eine Kunst in der Verwendung der eigenen Darstellungsmittel ihre Vollendung erreicht und durch sie ihr Stoffgebiet in seinem vollen Umfang ausgebeutet; stösst sie somit an ihre natürlichen Schranken an und fühlt sich durch sie eingeengt: alsdann drängt sich dem Künstler das Bewusstsein auf, dass über der Idee seiner besonderen Kunst noch eine höhere und allgemeinere Kunstidee schwebt und dass diese es eigentlich ist, welcher alle Künste ihr Dasein verdanken, und es erwacht in ihm der Drang und das Streben jene Schranken zu erweitern oder zu durchbrechen und sich ausserhalb derselben zu versuchen. —

Dieses Streben hat jedoch nicht immer einen so ehrenwerthen und reinen Ursprung. Es tritt nicht selten, ja vielleicht am häufigsten in Zeiten hervor, wo die einzelnen Künste bereits über den Höhepunkt ihrer Leistungen hinweggeschritten und in das Stadium des Verfalls eingetreten sind. Da ist es die Ermattung der schöpferischen Kraft, welche, an einer hinlänglichen Wirksamkeit durch die eigenen Mittel verzweifelnd, nach fremden Mitteln greift. Oder es ist die Rückwirkung einer Ueberzeugung und Uebersättigung des Genusses, eines verdorbenen Geschmackes, welcher sich an einfacher und gesunder Kost nicht mehr genügen lässt und nach einem Kunst-Ragout mit Hautgoût verlangt. Auch ist, selbst wenn es ursprünglich rein war, jenes Hinausstreben des Künstlers über die natürlichen Schranken seiner Kunst gar sehr der Gefahr der Entartung ausgesetzt, und gerade unsere Zeit droht derselben in verschiedenen Künsten zu erliegen, ja ist ihr zum Theil schon erlegen. Um so näher liegt es uns zu untersuchen, worin die Hauptgefahr besteht.

2. Arten der Kunstverbindung.

Die Erweiterung des Kunstinhaltes über das eigentliche und ursprüngliche Gebiet einer bestimmten einzelnen Kunst hinaus kann auf doppeltem Wege erzielt werden. Entweder begnügt sich der Künstler mit den seiner besondern Kunst eigenthümlichen Darstellungsmitteln und sucht seinen Zweck nur durch eine ungewöhnliche Anwendung derselben zu erreichen, oder er nimmt die Darstellungsmittel anderer Künste zu Hülfe. Auf dem ersteren Wege entstehen theils innerhalb derselben Kunst *neue Stilarten* theils neue Künste, welche als *Nebenarten* oder *Uebergangsarten* zwischen die Hauptarten der Kunst treten und diesen an æsthetischem Werthe meist nachstehen; der letztere Weg dagegen führt zu mannigfachen *Hauptarten der Kunstverbindung*, und diese sind es, mit welchen wir uns hier wenn auch nicht ausschliesslich doch vorzugsweise zu beschäftigen haben.

Zu den Fällen der ersten Art gehört es, wenn die Sculptur, ohne die Form des Rundwerkes aufzugeben, zur Darstellung eines flüchtigen Momentes affectvoll gesteigerter Bewegung oder eine vielfach zusammengesetzte, eine gemeinsame Handlung ausführenden Gruppe fortschreitet. Ein solches Eingreifen in das vorzugsweise der Malerei zufallende Stoffgebiet ändert zunächst den *Stil*; ein noch kühneres Vordringen in dieser Richtung erzeugt eine neue, den Uebergang von der Sculptur zur Malerei darstellende Kunstart, die *Cælatur* oder Relief-Bildnerei. Hinwieder nähert sich die Malerei der Sculptur in der *Zeichnung*, welche mit Aufgebung der Farben sichtbare Erscheinungen im Flachbilde nur durch Unterscheidung von Licht und Schatten oder durch blosse Umrisse (Contouren) darstellt. Aus dem Gebiete der akustischen Künste führe ich nur das *Recitativ* an, in welchem sich der volle Gesang der *Declamation* nähert um ohne gänzliche Verzichtleistung auf den musikalischen Gefühlsausdruck zugleich seinen specifisch poëtischen Inhalt schärfer zu charakterisiren.

Die *Verbindung verschiedener Künste* mit einander stuft sich vielfach ab von möglichst inniger organischer Verschmelzung bis zu einer bloss äusserlichen Anlehnung oder Annäherung. Im *Gesang* sind die Darstellungsmittel der Poësie und der Musik, in der *Mimik* die der Poësie und der Plastik organisch vereinigt; im *Tanze* bewegt sich die Menschengestalt, der eigentliche Gegenstand der Plastik, nach dem Rhythmus der Musik, deren Tonfiguren sie zugleich sichtbar auf dem Boden überträgt. Die meisten

Beispiele äusserlicher Verbindung oder Anlehnung liefert die *Architektur*. Ihr dienen Sculptur und Malerei zur Verzierung; hinwieder dienen ihre akustisch abgeschlossenen Räume der Musik, indem sie die sinnliche Wirkung der Töne verstärken und verschönern oder die zum Genuss derselben erforderliche Stimmung befördern, und den Werken der Sculptur leistet die Baukunst entweder einen angemessenen Hintergrund oder eine Grundlage (Piedestal, Basis) und zwar nicht nur zu statischem sondern auch zu æsthetischem Zwecke. Sie sichert der Bildsäule nicht nur den zu ihrem dauernden Bestande erforderlichen Schwerpunkt sondern mildert zugleich ihren allzuharten Zusammenstoss mit der gemeinen Wirklichkeit, dem nicht künstlerisch gestalteten, natürlichen Boden. Einen ähnlichen Dienst leistet der architektonisch oder plastisch gestaltete Rahmen dem Gemälde. Rahmen und Fussgestell erleichtern die Sammlung des schauenden Auges und der Phantasie, unterstützen die Aufmerksamkeit auf das Kunstwerk und halten den bei unmittelbarer Berührung sich störend aufdrängenden Eindruck der gemeinen, unkünstlerischen Umgebung ab.

Ein wesentlich gleiches Verhältniss findet bei den hörbar darstellenden Künsten statt, wenn sie sich zeitlich an einander anschliessen, wie z. B. die absolute oder Instrumentalmusik den Gesang oder beide einen poëtischen Vortrag einleiten, um uns in die angemessene Stimmung zu versetzen, oder nachfolgen um die durch die Poësie erweckte Stimmung noch eine Weile festzuhalten und dann allmählich ausklingen zu lassen.

So sehen wir zu der zuerst von uns hervorgehobenen Bedeutung und Berechtigung des Zusammenwirkens verschiedener Künste, der Erweiterung des Inhaltes, noch mehr als eine nicht gering anzuschlagende hinzutreten, und gerade diese werden wir beim dramatischen Theater vorzugsweise zu beachten haben. —

3. *Grundgesetz der Kunstverbindung.*

Gleichviel aber, welcher von diesen Zwecken und Beweggründen der Kunstverbindung jeweilen vorwaltet, Erweiterung des Inhaltes, Vervollkommnung der Darstellung, Vorbereitung zum Genuss, Sammlung des Geistes oder Abwehr störender Eindrücke: in all diesen Fällen sucht eine bestimmte einzelne Kunst durch Herbeiziehung eines oder mehrerer anderer zunächst einen Gewinn für sich selbst, für ihren eigenen Zweck, und diesem Streben entspricht das für alle derartigen Kunstverbindungen unverbrüchliche *Grundgesetz : Die Unterordnung aller zusammenwirkenden Künste unter die Herrschaft einer einzigen.* Eine Kunstverbindung, bei welcher sich die verschiedenen einzelnen Künste gegen einander verselbständigen und zu diesem Behuf mit der vollen Kraft ihrer besonderen Mittel wirken wollen, entbehrt der *Einheit,* zu welcher sich die Mannigfaltigkeit der räumlich oder zeitlich auseinanderliegenden, neben oder nach einander auftretenden Erscheinungen in unserer Phantasie zusammenschliessen muss um uns æsthetische Befriedigung zu gewähren. Ein gleich starker Zudrang der verschiedenen Reize, welche mehrere Künste durch die Verschiedenheit ihrer gleichzeitig oder in unmittelbarer Folge angewandten Darstellungsmittel und ihres Inhaltes auf uns ausüben, zerstreut Sinn und Geist, bewirkt eine gegenseitige Störung und Abschwächung, Trübung und Verwirrung der Eindrücke. Deshalb kann in keinem wahren *Verein* von Künsten mehr als *eine* Kunst eine selbständige Stellung beanspruchen; alle übrigen müssen ihre Oberherrschaft aufrichtig anerkennen und überall, wo es zur Aufrechthaltung derselben nöthig ist, sich in der Anwendung ihrer eigenen Mittel und Kräfte beschränken. So läuft es z. B. dem Zweck einer Kunstvereinigung in unserem Sinne zuwider, eine Gemäldegallerie oder einen Antikensaal mit so starken architektonischen Reizen auszustatten, dass diese eine ebenso starke Aufmerksamkeit erwecken wie die gleichzeitig in die Augen fallenden Werke der Malerei und Sculptur, und hinwieder könnten wir um eine Kirche als Meisterwerk der Architektur zu geniessen, keine unpassendere Gelegenheit wählen als die mit den vollständigsten und stärksten Mitteln des Orchesters und der Menschenstimme wirkende Aufführung eines Meisterwerkes der Tonkunst. Ein Saal von bescheidener Schönheit wird dem Genuss von Gemälden und Bildsäulen, ein einfacher Choral oder ein sanftes Orgelspiel dem architektonischen Eindruck einer Kirche eher förderlich sein.

Hierbei ist jedoch ausdrücklich zu bemerken, dass nicht bei jeder Art von Kunstverbindung zur Wahrung der Oberherrschaft einer einzigen Kunst eine Beschränkung überhaupt oder der gleiche Grad von Beschränkung in der Anwendung der Mittel gefordert wird, welche den dienenden Künsten zu Gebote stehen, und noch weniger eine eigentliche Verschlechterung ihrer Leistungen, ein Verstossen gegen ihre eigenen Gesetze. Es kommt hier vor allem auf den verschiedenen Grad des Reizes an, welchen die verschiedenen Künste durch die ihnen eigenthümlichen Darstellungsmittel auf Sinn und Geist ausüben. Auch gilt unser Grundgesetz gar nicht von einer bloss örtlichen Zusammenstellung verschiedenartiger Kunstwerke, welche nicht auf ein einheitliches Zusammenwirken, auf Förderung der æsthetischen Wirkung des einen durch das andere berechnet ist. So ist z. B. die Aufstellung von Meisterwerken der Sculptur oder Malerei in einem Meisterwerke der Baukunst zunächst in so fern statthaft als uns dadurch nur Gelegenheit geboten werden soll den einen und den andern abwechselnd unsere ungetheilte Aufmerksamkeit zuzuwenden und so nach einander ihres vollen Genusses theilhaftig zu werden. Ja es kann sogar eine gegenseitige Dienstleistung stattfinden: der Anblick eines vollendet schönen Tempels kann Geist und Gemüth des Zuschauers empfänglicher machen für den Vollgenuss der in ihm aufgestellten Bildsäulen oder Gemälde und umgekehrt. Aber diese *gegenseitige* Dienstleistung wird nie eine *gleichzeitige* sein sondern immer nur eine abwechselnde; bald wird der Bau, bald werden Statuen oder Gemälde es sein, deren Eindruck uns beherrscht und deren Schönheit in vollem Masse von uns genossen wird, und wenn das dienende Kunstwerk dabei auch von seinem Kunstwerth an sich nichts verliert, so büsst es doch seine volle Wirkung auf den Zuschauer so lange ein, als dessen Aufmerksamkeit vorwaltend dem anderen Kunstwerke zugewendet ist; für ihn ist während dieser Zeit seine volle Schönheit verloren. Ist aber der Reiz des einen und des andern gleich stark, so dass keines über das andere den Sieg davonträgt oder ihn für eine gewisse Zeit zu behaupten vermag, so ist eben mit der Einheit der Wirkung überhaupt der volle æsthetische Genuss aufgehoben oder gestört, und streng genommen kann alsdann nicht mehr von einem Kunstverein die Rede sein. So darf auch das Piedestal eines Standbildes mit menschlichen Gestalten und Gruppen ausgestattet sein, in welcher Sculptur oder Cælatur das Vollkommenste in ihrer Art leisten; will aber der Zuschauer diese letzteren in ihrer vollen Schönheit geniessen, so muss er einstweilen dem vollen Genuss des Standbildes selbst entsagen und umgekehrt. So lange aber Standbild und Fussgestell gleich stark reizen, wird das Auge zwischen beiden hin- und herschwanken und zu keiner Befriedigung, zu keinem einheitlichen Eindrucke gelangen.

Wenn aber demnach die zur Herrschaft bestimmte Kunst darüber zu wachen hat, dass die Dienerin sich nicht als ebenbürtig ihr zur Seite stelle oder gar ihr Haupt über sie erhebe: so soll doch auch keine Kunst die Dienste, welche andere Künste ihr leisten können, und welche ihr zuweilen zu ihrer vollen Wirkung unentbehrlich sind, stolz verschmähen. Echter Kunstsinn wird sich hierbei in der Auffindung oder Bewahrung des rechten Masses bewähren. Wenn dagegen der Prinz von Guastalla bei Lessing um das Bild der Gräfin Orsina einen Rahmen bestellen lässt, « so reich ihn der Schnitzer nur machen kann, » während er das Bild der Emilia Galotti ohne allen Rahmen bei sich behält: so zeugt das nur davon, dass dort die Abneigung oder Gleichgültigkeit, hier die leidenschaftliche Liebe zu dem Original ihn von dem Standpunkte der rein æsthetischen Betrachtung verdrängt und das stoffliche Interesse das Uebergewicht gewonnen hat.

Hinwieder braucht sich auch keine Kunst des Dienstes, welchen sie einer andern Kunst erweist, zu schämen, wenn sie dabei nur ihren eigenen Gesetzen nicht untreu wird. Indem sie sich einer andern Kunst unterordnet, dient sie mittelbar zugleich einer höhern Idee, der Idee der Kunst überhaupt, in deren Bereich sie mit der herrschenden Kunst selbst hineingehört und deren Herrschaft diese gleich ihr anerkennen muss. Wenn das wissenschaftliche System der Künste eine gewisse Reihenfolge und Rangfolge derselben aufstellt, welche je nach der leitenden Rücksicht, dem Eintheilungsgrunde, verschieden ausfallen wird: so darf uns das bei der Verbinduug einer Kunst mit einer andern grundsätzlich nicht abhalten uns nach oben wie nach unten zu wenden und für eine niedere Kunst die Dienstleistung einer höheren zu beanspruchen, einer höheren die Unterordnung unter eine an und für sich niedere zuzumuthen. Hier gilt kein Rang; dieser geht aber durch Entsagung für einzelne Fälle im ganzen eben so wenig verloren, wie er durch gelegentliche Erhebung für immer erworben wird. Es fragt sich nur, ob die eine Kunst zur andern ihrer Natur nach in einem solchen Verhältniss steht, dass sie ihr einen wahrhaften Dienst leisten kann. Und dies ist allerdings selbst beim besten Willen sich zu beschränken und unterzuordnen nicht allen Künsten möglich.

Hier kommt es vor allem darauf an, ob Inhalt oder Material der verschiedenen Künste oder beide zusammen sich so zu einander verhalten, dass eine *Vereinigung ihrer Eindrücke psychologisch möglich* ist. Dies ist durchaus nicht immer der Fall. So müssen z. B. die hier und da angestellten Versuche den Eindruck von Gemälden oder lebenden Bildern durch gleichzeitigen Gesang zu verstärken und zu vervollkommnen als ganz verfehlt bezeichnet werden. Denn die zur æsthetischen Auffassung, zum Verständniss und Genuss eines nur einigermassen reichhaltigen Gemäldes einerseits eines Tonwerkes anderseits erforderlichen Geistesthätigkeiten sind von einander so verschieden und finden in einer so entgegengesetzten Zeitfolge statt, dass sie, weit entfernt einander zu unterstützen, sich vielmehr nur gegenseitig stören hemmen verwirren oder aufheben. Während, um zum vollen Verständniss des Gemäldes zu gelangen, das Auge zuerst das im Raume fertig vor ihm dastehende Ganze in seinem vollen Umfang zu umspannen, den Gesammteindruck desselben zu erhalten sucht und dann erst den einzelnen Theilen nacheinander nach freier Wahl sich zuwendet um sie alle für sich sowie in ihrem Verhältniss zu einander und zum Ganzen aufzufassen: folgt das Ohr zunächst den nach einander erst entstehenden Tönen, wobei es streng an deren zeitliche Folge gebunden ist, und gelangt erst am Schlusse dazu die einzelnen Theile zum Ganzen zu verbinden.

Eine fernere Bedingung zur erspriesslichen Vereinigung verschiedener Künste ist, dass der Phantasie des Zuschauers oder Hörers eine gewisse Freiheit der Bewegung, eine genügende eigene Betheiligung an der Erzeugung des innern Bildes gewahrt werde. Hiergegen verstösst namentlich die unmittelbare Verbindung der Malerei mit der Sculptur, während beide Künste sich mit der Baukunst zu einer echt æsthetischen Gesammtwirkung zu vereinigen geeignet sind. Jede dieser beiden Künste für sich allein erfüllt die soeben ausgesprochene Bedingung in vollem Masse: indem das reine, nur die Körpergestalt in einem bestimmten Licht und Schatten darstellende Sculpturwerk die innere Anschauung der ihm fehlenden aber zum vollen realen Leben gehörenden Farben, das Gemälde die der Körperlichkeit unserer Phantasie überlässt, wird diese in die zum vollkommenen æsthetischen Genuss erforderliche Thätigkeit gesetzt, und indem sie dieselbe unwillkürlich auf das äusserlich angeschaute Bild überträgt, gewinnt dieses sein vollstes ideales Leben. Eine bemalte Statue lähmt, indem sie an der Erscheinung keinen wesentlichen Bestandtheil zu ergänzen übrig lässt, die Thätigkeit unserer Phantasie. Dagegen fordert sie uns, indem sie eine möglichst vollständige Nachahmung der realen äusseren Erscheinung anstrebt, geradezu auf, hinter derselben auch ein reales inneres Leben zu suchen; aber hiermit straft sie sich selbst Lügen. Die auch im günstigsten Falle immer noch hinter der Wirklichkeit zurückbleibende Nachahmung, insbesondere der unausbleibliche Mangel des zum Incarnat des wirklichen Menschen wesentlich gehörenden Schattens, lässt entweder die Täuschung gar nicht zu oder, was noch schlimmer ist, ruft sie nur hervor um sie sofort wieder zu zerstören, und uns bleibt nichts als der schauerliche Eindruck eines Leichnams, eines entflohenen oder hingemordeten Lebens. Wenn es trotz dieser durchaus unæsthetischen Wirkung wahr ist, was allerdings gewisse literarische Ueberlieferungen sowie auch Ueberreste von Bildwerken ausser Zweifel setzen, dass bei dem kunstsinnigsten aller Völker, den alten Griechen, die Bemalung von Statuen sich bis in die Zeit der höchsten Kunstblüte fortgesetzt hat: so muss uns dies vom rein æsthetischen Standpunkt aus auffallend erscheinen, und wir können uns eine solche Thatsache nur historisch daraus erklären, dass ihr Ursprung in die älteste Zeit falle, wo die Kunst noch in den Fesseln des religiösen Kultus lag, und dass dann die Pietät sowie die Gewohnheit gegen den unschönen, ja widerwärtigen Eindruck der unmittelbaren Verbindung von Sculptur und Malerei weniger empfindlich gemacht habe.

Doch es würde zu weit führen, wenn ich hier alle statthaften und unstatthaften Kombinationen zwischen den verschiedenen Künsten vollständig aufzählen und erörtern wollte. Statt dessen bemerke ich nur über den *Rang des* durch die Verbindung mehrerer Künste entstehenden *Gesammtkunstwerkes*, dass derselbe natürlich von dem Range der darin herrschenden Kunst abhängt, und dies führt uns zu dem bereits im Anfang des ersten Vortrags aufgestellten und nunmehr aus seinem Grunde nachgewiesenen Satze zurück: Da der Vorrang vor allen andern Einzelkünsten insofern der Poësie gebührt, als sie durch die eigenthümliche Beschaffenheit ihres Darstellungsmittels nicht nur den höchsten Inhalt der Kunst allein darzustellen sondern auch den Stoff aller übrigen Künste in seinem weitesten Umfang in ihren Bereich hineinzuziehen vermag: so *gebührt die erste Stelle unter allen Kunstvereinen der mimisch-scenischen Aufführung einer dramatischen Dichtung*. Der vorzüglichste Sammelplatz der Künste ist das dramatische Theater, sofern in ihm die Poësie als belebende und lenkende Seele alle Erscheinungen durchdringt.

Warum aber gerade die höchste aller besondern Künste, die Poësie, im Drama der Mitwirkung der meisten anderen Künste am meisten bedarf und dieselbe zur Ermöglichung der höchsten Kunstleistung geradezu fordert; was sie demnach durch diese gewinnt, wenn sie ihr redlich ihre Dienste widmen; was hingegen verloren geht oder verdorben wird; welcher Erniedrigung und Entartung die Bühne verfällt, wenn sie das Grundgesetz der Unterordnung der theatralischen Künste unter die Herrschaft der Poësie verletzt: das werden meine ferneren Vorlesungen genauer darzuthun suchen.

IV.

Besonderer Nachweis des Bedürfnisses einer Verbindung der dramatischen Dichtung mit den verschiedenen theatralischen Künsten für den æsthetischen Genuss.

Nachdem wir dem Kunstmaterial die Stellung, welche ihm dem Kunstinhalt gegenüber gebührt, gegen einseitige Anfechtung gesichert und darauf die Berechtigung sowie die Grundbedingung der Vereinigung verschiedener Künste miteinander im allgemeinen dargethan haben: werden wir heute mit der Aussicht auf eine desto bestimmtere und genauere Lösung zu der schon in unserer ersten Vorlesung aufgeworfenen *Hauptfrage* zurückkehren, *warum gerade die dramatische Poësie die Unterstützung durch den grossartigsten und mannigfaltigsten Kunstverein in Anspruch nehme.* Hier ergibt sich uns sofort aus dem Inhalt unserer letzten Vorlesung, dass diese Hülfsbedürftigkeit auf's innigste gerade mit dem grössten Vorzuge zusammenhangt, welcher der Poësie und insbesondere der dramatischen vor allen anderen Künsten eigen ist, mit dem gewaltigen Umfang und dem geistigen Werthe des durch sie darzustellenden Stoffes, hinsichtlich dessen wir berechtigt sind, ihr den höchsten Rang im System der Künste einzuräumen. Es bewährt sich an der Poësie wie an jeder andern Kunst der Satz, dass der Vorzug, welchen sie durch Eroberung eines höhern Inhaltes vor anderen Künsten gewinnt, unzertrennlich ist von einer Einbusse, welche sie diesen gegenüber erleidet. Hierbei muss ich aber ausdrücklich auf einen früher bereits erwähnten Unterschied zurückweisen. Bei den bildenden Künsten und der Musik nämlich liegt der Verlust vorzugsweise in Preisgebung gewisser Stoffgebiete. Die bildenden Künste müssen den Ausdruck der hörbaren Erscheinungen und des Gefühlslebens der Musik, die Musik den Ausdruck der sichtbaren Aussenwelt den bildenden Künsten und beide die Mittheilung begrifflich gegliederter Gedanken der Poësie überlassen. Die Poësie dagegen braucht die Besitznahme dieses allen anderen Künsten unzugänglichen Stoffgebietes nicht mit dem Verzicht auf den Stoff der anderen Künste zu erkaufen. Nach dieser Seite hin kann also die Poësie von einer Verbindung mit anderen Künsten keinen Gewinn erwarten: sie ist bereits im Besitz des Kunstinhaltes in seinem weitesten Umfang. Sie kann vermittelst der Sprache sowohl den Inhalt des fühlenden Gemüthes als die ganze Welt der sichtbaren und hörbaren Erscheinungen in der Form von Vorstellungen Begriffen und Gedanken uns zum Bewusstsein bringen. Aber indem sie behufs der entwickeltsten klarsten und bestimmtesten Darstellung des höchsten geistigen Inhaltes nach der Sprache, dem vergleichungsweise am wenigsten materiellen, grossentheils sogar zum blossen Anregungs- oder Mittheilungsmittel herabgesunkenen Material greifen muss, kann sie den besondern Stoff der übrigen Künste nicht mit der gleichen künstlerischen Vollendung und der gleichen Eindringlichkeit darstellen wie diese durch die ihnen eigenen und am meisten geeigneten Mittel.

Der vorzugsweise den bildenden Künsten zufallende Stoff macht freilich nicht den Hauptbestandtheil des Gesammtstoffes aus, welchen die dramatische Poësie darzustellen hat. Dieser fällt vor allem die Aufgabe zu, die *Innenseite einer Handlung* zu entfalten, uns in die geistige Werkstatt der Thaten einzuführen, uns die Zwecke und Beweggründe, die Gedanken Gesinnungen und Leidenschaften, welche das menschliche Gemüth bewegen, möglichst klar und bestimmt, vollständig und ausführlich zum Bewusstsein zu bringen, und dieses innere Leben, durch welches die Menschenthat erst ihr wahres Licht und ihr höchstes Interesse erhält, ist ja das eigentliche Gebiet, in welchem die Poësie mit dem Scepter des Wortes am freiesten und mächtigsten schaltet. Aber schon innerhalb dieses Gebietes liegt eine Provinz, um derentwillen sie sich gegen andere Künste nicht hermetisch abschliessen darf, zu deren Anbau und Verwaltung sie vielmehr ihren freundnachbarlichen Beistand willkommen heissen muss: es ist das wunderbare Dämmerland der *Gemüthsstimmungen und*

Gefühle, der Triebe und Begierden. Wie der Strahl der Sonne keine Pflanze aus dem Mutterschosse der Erde hervorlocken und ihr die Kraft verleihen würde zu wachsen zu erblühen und Frucht zu tragen, wenn er ihr nur Licht spendete und nicht zugleich Luft und Boden erwärmend durchdränge: so würde der blosse Gedanke nimmermehr unsern Willen zur That erwecken, wenn er nur unsern Kopf erhellte und nicht zugleich sich in die Tiefe unseres Herzens einsenkte und dessen Saiten stimmte und er- zittern liesse. Und so würde auch das Wort des dramatischen Dichters nicht unser volles Interesse an einer Handlung, ja nicht einmal das volle Verständniss derselben erwecken, wenn es nur zu unserm erkennenden und denkenden Geiste und nicht auch zu unserm Gemüthe spräche; wenn es uns nicht lebendig mitfühlen liesse, was die Brust der handelnden Personen bewegt. Die verhältnissmässig nächste und eindringlichste Mittheilung der Stimmungen und Bewegungen des Gemüthes aber ist das Privilegium der *musikalischen Töne.* Nun ist zwar die dramatische Poësie nicht unbedingt und nicht zunächst darauf angewiesen den Vortrag ihrer Worte zum eigentlichen Gesang anschwellen und diesen etwa noch durch Instrumentalmusik unterstützen zu lassen; denn ihr Hauptinhalt ist und bleibt immer die Vorstellung und der Gedanke, nicht das gegenstandslose Gefühl. Ja wir werden später noch davon zu reden haben, dass die Musik, zu durchgängiger Dienstleistung herbeigezogen, der Poësie mit unwiderstehlicher Gewalt das Scepter entwindet. Das aber müssen wir um des Antheils willen, welcher dem Gemüth an der dramatischen Handlung zukommt, entschieden verlangen, dass die Worte der handelnden Personen *laut werden;* denn nur dadurch werden die musikalischen, am nächsten und stärksten auf das Gemüth wirkenden Elemente der Sprache, die rhythmischen und phonetischen, entbunden und gewinnen ihre volle Kraft, während lautlos gelesene Worte ähnlich lautlos gelesenen Noten die Phantasie und vermittelst dieser das Gefühl nur in der Weise von Symbolen mithin weit schwächer anregen. Und zwar soll der laute Vortrag im Drama nicht grundsätzlich bei der *Recitation* stehen bleiben sondern sich zur *Declamation* steigern. Nicht als ob diese die einzige Form des dramatischen Vortrags sein sollte. Die in dem Ausdruck Recitation enthaltene Mässigung wird der Sprechende nicht nur dann zu beobachten haben, wenn seine Worte einfachen Bericht von äusseren Thatsachen oder leidenschaftslose Betrachtung, sondern in gewissem Grade auch dann noch, wenn sie Gemüthsbewegungen anderer Personen zum Inhalt haben. Nur wenn die vorzutragenden Worte eigene und zwar gegenwärtige Gemüthsbewegungen und Gemüthszustände der dramatischen Person enthalten, welcher sie zugetheilt sind, soll der Vortragende, indem er sich mit ganzer Seele in die Lage derselben versetzt, seine Stimme mit derselben Lebendigkeit und Rückhaltslosigkeit hervorbrechen lassen wie bei der Aeusserung seiner unmittelbar wirklichen Gefühle, und für die Klangfarbe, die Höhe und Tiefe, die Stärke und Schwäche der Töne keine andere Schranke anerkennen als die allgemeinen Gesetze der akustischen Schönheit, und selbst diese wird er in Augenblicken des höchsten Affektes überschreiten dürfen.

Dieser Fall ist aber im Drama gerade der häufigste.

Denn die dramatische Handlung hat die sittliche Idee, von welcher sie durchdrungen ist, durch Entfaltung und Ueberwindung der in derselben enthaltenen Gegensätze, mithin im Kampfe von Menschen mit Menschen zu verwirklichen; dieser Kampf aber vollzieht sich nicht ohne Leidenschaften im guten und im bösen Sinne, und diesen gibt der dramatische Dichter so viel als irgend möglich in den Worten der kämpfenden Personen selbst Ausdruck. Ueberhaupt ist es ja die äusserste Unmittelbarkeit der Auffassung und Darstellung seines Gegenstandes, welche er zu erstreben hat und welche ihn insbesondere vom Epiker unterscheidet. Dieser ergreift seinen Stoff, welcher ebenso wie bei jenem Handlung ist, als etwas ohne sein Zuthun an sich vorhandenes, auf sich selbst beruhendes, substantielles, lässt ihn als eine von seinem Geist ursprünglich unabhängige, von seiner Person örtlich zeitlich und ursächlich getrennte fremde und vergangene Thatsache bestehen; kurz, er bleibt ausserhalb der Handlung, und diese getrennte Stellung gibt sich in der Mittelbarkeit der Darstellung kund, d. h. darin, dass er als dritte Person zwischen die Personen der Handlung und seine Zuhörer oder Leser tritt und als solche zwar bescheiden hinter den Inhalt seines Gedichtes zurücktritt aber doch nicht darin verschwindet. Wir werden durch die Form der Darstellung immer daran erinnert, dass er es ist, welcher uns die Handlung mittheilt. Er muss die handelnden Personen erst durch seine Worte bei uns einführen, uns vorstellen, und wenn er ihnen ihre Worte auch in direkter Rede in den Mund legt, so muss er uns in der Regel erst sagen, wer da spricht. Nur selten, wo der Zusammenhang keinen Zweifel zulässt, meist nur in kleineren lyrisch-epischen Gedichten, kann er diese Vermittlung unterlassen. Der Dramatiker dagegen hat wie der Lyriker den Stoff seines Gedichtes so innig anempfunden, so ganz zum Inhalt seines Gemüthes gemacht, dass er mit demselben völlig eins und von einer dritten Person gar nichts mehr zu bemerken ist, dass somit statt der mittelbaren eine unmittelbare Darstellung eintritt, doch mit dem Unterschiede, dass in der Lyrik der Gegenstand des Gedichtes, eben weil er als Gemüthsinhalt festgehalten und als solcher dargestellt wird, ganz in dem Dichter, im Drama dagegen der Dichter ganz in dem Gedicht aufgeht. Denn wenn auch der Dramatiker die in sein Herz zurückgeschlungene Welt wieder aus sich heraustreten, den Menschengeist nicht als fühlenden und denkenden in sich verharren sondern vermittelst des Willens seinen Inhalt in die Aussenwelt einführen, ihn in Thaten sich vergegenständlichen lässt: so bleibt er doch als Schöpfer der nur scheinbar realen in Wahrheit aber idealen Handlung ganz innerhalb derselben, lebt mit seinem Geist und Gemüth so ganz in den Personen der Handlung, dass er als besondere Person darin verschwindet und jene nicht durch ihn sondern aus eigenem Antrieb zu sprechen und zu handeln scheinen. Diese Unmittelbarkeit aber muss auch der mündliche Vortrag der dramatischen Worte bewahren, wenn er die lebendige Ausführung der durch den Dichter selbst bestimmten Vorstellung sein soll.

Ist aber einmal die *Declamation* als der volle und ungehemmte Ausdruck des Gemüthsinhaltes der handelnden Personen gerechtfertigt, ja beziehungsweise gefordert, so darf die dramatische Darstellung auch bei ihr nicht stehen bleiben: es muss *Gesticulation* und *Action* hinzutreten. Der Mensch ist eine organische Einheit; die Seele durchdringt als lebendige Urkraft den Leib in allen seinen Theilen, und so äussern sich stärkere Bewegungen des Gemüthes unwillkürlich nicht allein hörbar in Tönen und Lauten sondern zugleich sichtbar in Blick Miene und Gebärde. Zur künstlerischen Darstellung eines pathetischen Verhaltens, welches unser ganzes Wesen in Aufregung bringt, einen Theil oder ein einzelnes Organ unseres Körpers in volle Thätigkeit setzen und die übrigen ruhen lassen ist widernatürlich und höchstens in der niedern Komik zu dulden. Es erfordert einen peinlichen Zwang, welcher sich selbst durch die sorgfältigste Uebung nicht unbemerklich machen lässt und an das Aufschreien eines Gefesselten erinnert. In so fern hat Goethe nach Verzichtleistung auf die mimisch-scenische Darstellung vollkommen Recht, wenn er das Drama nicht declamirt sondern nur recitirt wissen will. Auch geschieht es gewiss nicht bloss um die Kehle zu schonen, wenn der Schauspieler bei der Leseprobe nicht wie bei der scenischen Aufführung seinem Vortrag die volle Kraft und Lebendigkeit verleiht.

So nimmt schon die *Innenseite* der dramatischen Handlung wegen des Antheils, welchen das Gemüth an ihr hat, mit der *Declamation* zugleich die *Mimik* in Anspruch. Ebendahin aber und zu noch weiteren Schritten drängt mit noch grösserer Gewalt das Verlangen nach möglichst vollständiger und vollkommener Darstellung der *Aussenseite*.

Eine nur innerhalb der Sphäre des Menschengeistes sich bewegende, in Kopf und Herz eingeschlossene Thätigkeit ist noch keine *Handlung*. Auch einer aus blossem

Naturdrang unwillkürlich hervorgegangenen Aeusserung unserer Gedanken Gefühle und Triebe durch Worte Mienen und Gebärden kommt dieser Name noch nicht zu. Eine Handlung im strengeren Sinne entsteht erst, indem der *wollende* Menschengeist, durch das Zusammenwirken der Gefühle mit dem Erkennen oder Denken erweckt und auf ein bestimmtes Ziel hingerichtet, unsere leiblichen Organe so in Bewegung setzt, dass sie nach ausssen hin *wirken*, d. h. in der Aussenwelt irgend eine Veränderung hervorbringen. Hierzu ist es aber weder unumgänglich nöthig, dass Arme und Beine in Bewegung gesetzt werden, noch tritt die durch das Wort bezweckte und bewirkte Veränderung in der *sinnlichen* Aussenwelt unmittelbar ein. Zur Aussenwelt gehört vom Standpunkte des Handelnden aus auch der Geist anderer Menschen, und zur Einwirkung auf diesen kann das gesprochene oder auch das geschriebene Wort genügen; ja das Wort ist hierzu das gewöhnlichste und am bestimmtesten wirkende Mittel, indem es den Gedanken bereits fertig ausgestaltet aus einem Geiste in den andern hinüberträgt. Auf die Körperwelt wirkt das Wort, abgesehen von der Bewegung der Luft und ihrem Eindruck auf das Ohr des Hörers, welcher nicht das Endziel der Handlung ist, erst mittelbar, sofern es zunächst durch den Gedanken das Gefühl und den Willen anregt lenkt und zur Ausführung der That treibt. « Die Zunge hat kein Bein, » sagt das Sprüchwort; « sie schlägt aber Manchem die Rippen ein. » Und gerade diese Einwirkung des Geistes auf den Geist ist es, worauf es bei einer idealen Handlung vor allem ankommt, wodurch diese erst ihr volles und höchstes Interesse, ihren Anspruch auf dramatische Darstellung und somit das Wort für das Drama höhere Wichtigkeit erhält als die sinnlich sich vollziehende That. Denn in seiner höchsten Macht und Bedeutung kann sich der sittliche Geist nur bewähren durch den Verkehr von Menschen mit Menschen zur Wahrung und Förderung menschlicher Interessen; das höchste menschliche Interesse aber, die wahre menschliche Glückseligkeit und Würde beruht nicht in äusseren und sinnlichen Verhältnissen sondern in unserem inneren geistigen Verhalten nicht nur für uns selbst sondern auch gegenüber anderen Menschen. Dieses muss sich zwar, sei es freundlich oder feindlich, anziehend oder abstossend, auch in äusseren Thaten bewähren, jedoch seine klarste bestimmteste und treueste Kundgebung bleibt das Wort, und so *erklärt* es sich nicht nur, dass der Dramatiker eine Handlung vorzugsweise durch Worte der handelnden Personen darzustellen *vermag*: er ist auf diese Form der Darstellung geradezu *angewiesen*.

Denn was den dramatischen Personen durch Kopf und Herz geht, kann niemand besser wissen und darum auch niemand bestimmter und treuer, lebendiger und glaubenswürdiger ausdrücken als sie selbst; und gerade dies, die *Innenseite* der Handlung — das kann nicht ausdrücklich genug wiederholt werden — bildet ja im Drama den wichtigsten Inhalt und den bei weitem umfangreichsten Bestandtheil der poëtischen Darstellung. Und nicht nur was sie für sich oder anderen Menschen gegenüber denken fühlen und wollen, nicht nur ihre Ansichten und Gesinnungen, ihre Leidenschaften und Zwecke, wie sie sich gegenseitig unterstützen und freundlich begegnen oder feindlich auf einander stossen, nicht dies nur lernen wir unmittelbar aus dem Munde der dramatischen Personen kennen: auch ein nicht unbedeutender, ja der grösste Theil der *Aussenseite* der Handlung wird uns durch ihre eigenen Worte mitgetheilt. Durch diese erfahren wir namentlich was von früheren Zuständen Verhältnissen und Vorgängen zum Verständniss der gegenwärtigen Handlung zu wissen noththut, die sogenannte *Vorfabel*, desgleichen gar manche im Verlauf der Haupthandlung hervortretenden äusseren Zustände und Vorgänge, namentlich alle diejenigen, welche der Dichter, um die Aussenseite möglichst entschieden der Innenseite unterzuordnen, hinter die Bühne verlegt. Und was den Ort der Handlung sowie das Aussehen der dramatischen Personen, ihre körperliche Beschaffenheit Haltung und Kleidung betrifft, so *können* diese wenigstens auch mit Worten beschrieben werden.

Hiermit befinden wir uns aber auf demjenigen Stoffgebiete, auf welchem die künstlerische Unzulänglichkeit des rein poëtischen Materials für sich allein oder doch seine geringere Wirksamkeit im Vergleich mit den Materialien der bildenden Künste am auffallendsten hervortritt. Denn während diese durch die Farbe oder die Form fester Körper in den Stand gesetzt sind die sichtbaren Erscheinungen der Aussenwelt uns unverändert und unmittelbar vor Augen zu stellen, theilt die Poësie uns zunächst nur gegliederte Laute mit, welche statt der äussern Anschauungen nur in unserm Innern Vorstellungen Begriffe und Gedanken hervorrufen, und alle diese Geistesdinge haben mehr oder minder die individuelle Bestimmtheit Anschaulichkeit und Lebendigkeit verloren, welche die Wahrnehmung einer unseren Sinnen unmittelbar gegenwärtigen äusseren Erscheinung zukommt. Weniger bemerklich ist diese Einbusse bei bloss hörbaren Erscheinungen, wiewohl auch diese in der Sprache meist einen schwachen, wenig genauen und treuen Abdruck erhalten. Auch finden wir für Bewegungen oder Veränderungen, welche mit sichtbaren Erscheinungen vor sich gehen, in der Sprache wenigstens in so fern noch ein angemessenes Darstellungsmittel, als sie sich ebenso wie die Phantasie, welcher sie ihren Inhalt mittheilt, in der Zeit bewegt. Anders aber verhält es sich mit der Darstellung derjenigen sichtbaren Erscheinungen, welche nur *räumlich neben einander* bestehen, oder der *gleichzeitig* neben einander bestehenden Bestandtheile von Körpern, welche bei einer Bewegung der Körper selbst der Veränderung widerstehen und sowohl in derselben Beschaffenheit für sich als in demselben Verhältniss zu einander verharren. Hier kann die Sprache als poëtisches Darstellungsmittel am allerwenigsten eine bis ins Einzelne bestimmte und deutliche innere Anschauung erzwingen. Die einzelnen Wörter, welche Gegenstände oder Merkmale (Eigenschaften oder Beschaffenheiten) derselben bedeuten sollen, die Substantiven und Adjectiven, gelten alle zunächst nur für Vorstellungen, in welchen sich die den äusseren Anschauungen eigene Fülle von individuellen Merkmalen bereits auf ein einziges oft gar nicht einmal wesentliches oder charakteristisches Moment zusammengezogen hat. Die in die Wortbedeutung nicht mit aufgenommene Fülle der Anschauung in unserem Geiste wiederherzustellen bleibt der Einbildungskraft des Hörers überlassen. Allerdings kann der Sprechende die Thätigkeit derselben noch bis zu einem gewissen Grade lenken und näher bestimmen, indem er zu dem Gegenstandsworte noch eine gewisse Anzahl von Merkmalswörtern hinzufügt; in der Anwendung dieses Mittels aber sind der Poësie weit engere Grenzen gezogen als der Prosa. Für die prosaische Auffassung eines sichtbaren Gegenstandes, bei welcher der Verstand die Herrschaft ausübt und die Einbildungskraft sich dienstbar macht, mögen wir wohl eine möglichst ausführliche und vollständige Schilderung der Bestandtheile und Merkmale mit Geduld und Aufmerksamkeit hinnehmen und uns dazu verstehen die zeitlich nach einander uns mitgetheilten Theilvorstellungen im Gedächtniss zu behalten und sie zuletzt neben einander zu ordnen. Die Phantasie dagegen, in der Poësie von vorn herein von allen äusseren Zwecken entbunden und zu lebendiger freier Selbstthätigkeit angeregt, mag sich in ihrem Fluge nicht mehr gleichermassen zügeln stören und hemmen lassen. Kaum ist ihr der Gegenstand der Schilderung genannt, so hat sie sich auch von ihm ein vollständiges je nach dem Grade ihrer Kraft und Lebendigkeit mehr oder minder bestimmtes klares und deutliches Bild desselben gemalt; sie hat ihn bereits fertig vor sich, und indem sie bei einer Handlung rastlos vorwärts strebt und ihr ganzes Interesse bereits auf das richtet, was mit oder an dem Gegenstande oder durch ihn geschehen soll, wird sie ungeduldig und ungefüge gegen die Sprache, welche ihr die Schilderung desselben in einer für sie viel zu langsamen Folge von Wörtern nachliefert und ihr zumuthet ihre eigene fertige Schöpfung nach einer solchen Anleitung im Einzelnen wieder umzugestalten. Denn dass dieselbe der nachträglichen sprachlichen Darstellung genau entsprechen werde, ist durchaus nicht zu erwarten. Höchstens lässt die Phantasie es sich gefallen, dass ihr im weiteren Verlaufe der Handlung jeweilen ein einzelnes Merkmal an passender Stelle, d. h.

da wo es für die Handlung besondere Bedeutung gewinnt, bestimmter angegeben wird. Und wir müssen dieses ablehnende Verhalten gegen eine zudringliche wortreiche Schilderung als wohlberechtigt anerkennen. Es gehört, wie wir schon früher zu bemerken hatten, zum vollen Genuss eines Kunstwerkes, dass wir nicht bloss sclavisch hinnehmen, was der Künstler uns fertig darbietet; unsere Phantasie will beim inneren Nachschaffen des von aussen ihm entgegentretenden Bildes sich eine gewisse Selbstthätigkeit gewahrt wissen. Diese ist ihr denn auch bei allen einzelnen Künsten in der einen oder der anderen Richtung vergönnt. Der Historienmaler bindet unsere äussere und innere Anschauung zunächst streng an das bis ins Einzelne ausgeführte Bild der Oberfläche von Körpern, wie sie in einem bestimmten Zeitpunkt erscheint; dafür gibt er aber zur Vorstellung der unmittelbar vorangegangenen Erscheinungen sowie der Veränderungen, welche an den dargestellten Gegenständen in der nächsten Folgezeit eintreten werden, unserer Phantasie nur die Anregung. Die reine (absolute) Musik fesselt uns von einer ganz anderen Seite:

« Wie mit dem Stab des Götterboten
Beherrscht sie das bewegte Herz. »

Dagegen lässt sie unsere Phantasie völlig frei auf dem Gebiete der Vorstellungen und Gedanken. Die epische und dramatische Poësie zeichnet uns genau den Gang der zeitlich auf einander folgenden Vorgänge vor; zur Entschädigung für diesen Zwang aber verhält sie sich, wenn auch nicht bloss anregend, doch auch nicht völlig ausführend in der Darstellung von Gefühlen und von räumlich bestehenden Erscheinungen und überlässt die vollständigere und vollkommnere Ausführung entweder unserer Phantasie oder der Musik und der Malerei.

Hiernach finden wir freilich auch in der Unangemessenheit und Unzulänglichkeit der Sprache zur unmittelbaren anschaulichen deutlichen und lebendigen Darstellung räumlich ausgedehnter sichtbarer Gegenstände von vornherein noch keine absolute Nöthigung bei den mimisch-scenischen Künsten Unterstützung für die Poësie zu holen, um so weniger, da ja das Hauptinteresse der dramatischen Handlung auf deren Innenseite gerichtet ist und daher die durch das beschreibende Wort angeregte Phantasie um so mehr zur Ergänzung der fehlenden Einzelheiten genügen kann. Aber es handelt sich beim Drama nicht etwa bloss darum jeweilen eine einzelne sichtbare Erscheinung sondern sehr häufig eine *Mehrheit*, ja nicht selten eine grosse Menge von äusseren Erscheinungen darzustellen, welche für einzelne Augenblicke oder auf eine gewisse Zeitdauer, in Ruhe oder in Bewegung, *gleichzeitig* als unentbehrliche Bestandtheile zur Handlung gehören. Die Aussenseite der Handlung erscheint, weil diese einen mehr oder minder zusammengesetzten und verwickelten Kampf enthält, in ihren meisten Momenten als ein Complex von Personen und Sachen und — was noch wichtiger ist — sie besteht und bewegt sich gleichzeitig mit der Innenseite. Und all dieses Nebeneinander von sichtbaren und hörbaren, ruhigen und bewegten Gegenständen, von innern und äusseren Vorgängen kann die Sprache nur durch eine einfache zeitliche Folge von Lauten darstellen. Der Geist des Zuhörers muss also dies Nacheinander der Sprachlaute und der mit ihnen verbundenen Vorstellungen erst in ein Nebeneinander verwandeln, und so kann die Darstellung mit dem darzustellenden Inhalt, der Handlung, deren Wesen Bewegung ist, nicht Schritt halten. Wenn die sprachliche Darstellung sich bei der Beschreibung des gleichzeitig Erscheinenden aufhält, während die Handlung unaufhaltsam vorwärtsdrängt: so entsteht eine Unterbrechung und Hemmung ihres zeitlichen Verlaufes, welche gerade in der dramatischen Poësie ein höchst wesentlicher Uebelstand ist. Denn diese will den Schein erwecken, als vollziehe sich die Handlung in unmittelbarer Gegenwart mithin in ungehemmtem stetigem Fortgang, und eben zu diesem Behuf stellt sie den Inhalt derselben durch Worte der handelnden Personen selbst dar. Diese Darstellungsform vollständig durchzuführen wird ihr aber nicht nur durch eine Menge gleichzeitiger äusserer Erscheinungen ungemein erschwert, sondern oft auch durch die Gleichzeitigkeit der äusseren und inneren Vorgänge geradezu unmöglich gemacht, und der Dichter sieht sich genöthigt die gleichzeitig hervortretenden Gegenstände und Vorgänge theilweise in eigener Person dem Leser oder Hörer zur Kenntniss zu bringen, m. a. W. zu dem sogenannten *Scenarium* seine Zuflucht zu nehmen, d. h. zu Berichten, welche er von sich aus, als seine eigenen Worte, in prosaischer Form zwischen die Worte der handelnden Personen einschaltet. Hiermit tritt er hinter dem Vorhang, welcher ihn während der ganzen Handlung verborgen halten sollte, wider Willen hervor und stellt sich wie der epische Dichter als dritte oder Mittelsperson zwischen den Hörer oder Leser und die dramatischen Personen. Durch diese Vertauschung der unmittelbaren Darstellungsweise mit der mittelbaren wird aber der Schein, als gehe die Handlung in der Gegenwart wirklich vor sich, zeitweise aufgehoben und eine noch üblere Störung bewirkt als durch die Stockung, welche die längere beschreibende Darstellung gleichzeitiger äusserer Erscheinungen durch die dramatischen Personen in die Handlung hinein bringen muss. Die Aufhebung dieses Scheines muss zwar dem Hörer oder Leser ebenso wie dem Zuschauer immer frei stehen; ja dieser soll immer im Stande sein sich über den künstlerischen Charakter der dramatischen Wirklichkeit zu besinnen. Die dramatische Illusion soll für uns keine reale Täuschung werden, bei welcher der æsthetische Genuss durch ein stoffliches pathalogisches Interesse getrübt oder verdrängt wird; damit würden wir uns auf den Standpunkt jenes naiven Landmannes stellen, welcher bei der Aufführung von Schillers Räubern in seiner sittlichen Entrüstung auf die Bühne rannte um den abscheulichen Franz Moor durchzuprügeln. Sache des Dichters ist es aber nicht, von sich aus hierauf hinzuwirken sondern vielmehr den idealen Schein der Wirklichkeit nach Kräften zu fördern.

Je einfacher freilich die Aussenseite der Handlung sich gestaltet; je mächtiger und durchgängiger der dramatische Dichter das Interesse der Innenseite zuwendet, desto weniger wird er in den Fall kommen die unmittelbare dramatische Redeweise mit der mittelbaren epischen vertauschen zu müssen; desto seltener und unbedeutender wird also das Scenarium werden und in demselben Verhältniss Bedürfniss und Verlangen nach einer anderen, als rein poëtischen Darstellung sich vermindern. Und dies wird am meisten gerade bei solchen Dramen der

Fall sein, welche sich durch ihren inneren Gehalt, insbesondere durch Reichthum und Feinheit der psychologischen Entwicklung auszeichnen wie z. B. Gœthe's Iphigenie und Tasso. Völlig entbehrlich aber wird das Scenarium in keinem dramatischen Gedichte, selbst nicht in den soeben genannten. So ist, um nur ein einziges Beispiel anzuführen, schwerlich abzusehen, wie Gœthe es hätte anstellen sollen ohne Beeinträchtigung der Wirksamkeit und der Angemessenheit des Auftrittes an der Stelle des fünften Aktes, wo Tasso der Prinzessin gegenüber alle Besonnenheit verliert und seine leidenschaftliche Liebe rückhaltslos in Wort und Umarmung hervorbrechen lässt, unmittelbar durch Worte der handelnden Personen uns zu verstehen zu geben, dass Leonore, Alphons und Antonio von Tasso und der Prinzessin ungesehen bereits auf der Bühne erschienen und Augenzeugen des Vorgangs geworden sind.

Man halte uns hier nicht die Tragœdien eines Aeschylos Sophokles und Euripides entgegen, in deren poëtischem Text das Scenarium bis auf die vorangestellten Namen der jeweilen sprechenden Personen zusammengeschmolzen erscheint. Diese waren von vorn herein für die theatralische Aufführung bestimmt, und die Dichter theilten persönlich als Dramaturgen und Regisseurs den Schauspielern alles das mit, was ein moderner Dichter in das Scenarium schreiben würde. Uebrigens waren die äusseren Situationen und Vorgänge in jenen Dramen meist sehr einfach. Diese Einfachheit aber kann das moderne Drama nicht bewahren, wenn es nicht eine Menge der trefflichsten Stoffe unbenutzt lassen will, und es braucht sie auch gar nicht zu bewahren. Denn wenn auch eine reichere Fülle

Mannigfaltigkeit und Verwicklung der sichtbaren Gegenstände und Vorgänge durchaus nicht den Hauptwerth eines Dramas bestimmt, so ist sie doch an und für sich ebenso wenig als ein dramatisches Uebel anzusehen: *es kommt immer nur darauf an, dass das rechte Verhältniss der Aussenseite zur Innenseite gewahrt werde,* d. h. dass der Geist die äusseren Erscheinungen überall durchdringe und ihnen hinlängliche Bedeutsamkeit verleihe.

Auch berufe man sich, um die durch das Scenarium bewirkte Störung und das hiermit zusammenhangende Bedürfniss einer Abhülfe durch Hinzuziehung anderer Kunstmittel in Abrede zu stellen, nicht auf das Epos, in welchem der Dichter verhältnissmässig selten die frevelnden Personen reden lasse und fast durchgängig selbst als Mittelsperson auftrete, ohne dass hierdurch eine Störung bewirkt und das Verlangen nach einer anderen Darstellungsweise geweckt werde. Gerade deshalb, weil im Epos die mittelbare Darstellungsweise als die herrschende auftritt; weil der Dichter, welcher vorzugsweise die Aussenseite der Handlung darstellt und selbst die Worte der handelnden Personen durch seine eigenen Worte einleitet, uns von vorn herein an seine Mittlerrolle gewöhnt hat und uns die Handlung fortwährend als eine fremde und vergangene, nur in seiner Phantasie aufbewahrte erscheinen lässt; gerade deshalb verzichten wir beim Epos um so leichter auf die unmittelbare Darstellung. Der dramatische Dichter dagegen hat dadurch, dass er zur völligen Entfaltung der Innenseite die handelnden Personen selbst reden lässt, uns an die lebendigere unmittelbare Darstellung, bei welcher er selbst uns entschwindet, dermassen gewöhnt, dass wir sie nicht mehr mit der mittelbaren vertauscht wissen wollen. Wir erblicken in dieser einen Rückschritt zum Epos, aus welchem sich das Drama als höhere und reifere Kunstform hervorgebildet, nachdem in dem Zwischenstadium der lyrischen Blüte die innere Welt der Gefühle und Gedanken, der Inhalt des in sich selbst sich bewegenden Geistes seine poëtische Darstellung gefunden hat. Der Eintritt des Scenariums in den dramatischen Dialog oder Monolog macht daher einen ähnlichen Eindruck wie der Anblick der Drahtfäden im Puppenspiel oder gar der unter den Sophiten hervorragenden Finger und Hände eines ungeschickten Puppenspielers. Das Scenarium ist gleichsam die Nabelschnur, durch welche das Drama noch mit seiner Mutter, dem Epos, zusammenhangt, das Bruchstück der Eierschale, welches das soeben herausgekrochene Küchlein noch mit sich herumschleppt. So lange dieser letzte Rest seines Ursprungs noch nicht getilgt ist, lässt sich das Drama mit dem Hautrelief vergleichen, welches nach einer Seite hin noch ungebildet mit dem höchstens architektonisch oder geometrisch gestalteten Stein oder Erz zusammenhangt und noch nicht zu der vollkommneren reineren und selbständigern Gestalt des plastischen Rundwerkes herausgearbeitet ist. Diesen von der rein sprachlichen Darstellung unzertrennlichen störenden Mangel kann aber der dramatische Dichter nur dadurch gänzlich heben, dass er diejenigen Bestandtheile der Handlung, welche er sonst in das Scenarium verweisen müsste, dem *Schauspieler* und der *Schaubühne* zur Darstellung anvertraut.

Wenn daher schon das Verlangen nach völlig freier Aeusserung des Gemüthsinhaltes die durch Blick Miene und Gebärde unterstützte Deklamation hervorrief, so verlangt die Aussenseite der Handlung und ihr Zusammenhang mit der Innenseite noch entschiedener und in weiterem Umfang die unmittelbar nachahmende zugleich sichtbare und hörbare Darstellung. In weiterem Umfang, sage ich. Denn vor allem kann sich zur Darstellung der Aussenseite die *Mimik* nicht mehr auf die durch die *Declamation* geforderte *Gesticulation* beschränken sondern muss zur *Action* im engeren Sinne fortschreiten. Unter dieser verstehen wir nämlich zum Unterschiede von der Gesticulation, welche mit organischer Nothwendigkeit den mündlichen Ausdruck der inneren Vorgänge, der Gedanken und Empfindungen, der Triebe und Entschlüsse begleitet und sich diesem unterordnet, den Inbegriff derjenigen Gebärden durch welche die äussere That vollzogen wird und welchen hinwieder das gesprochene Wort sich zur klaren und vollständigen Enthüllung ihres Sinnes unterordnet. Hat sich aber einmal die Mimik bis zur eigentlichen Action fortbewegen müssen, so darf die unmittelbare Darstellung auch nicht mehr auf den mehr als halb zurückgelegten Wege stehen bleiben sondern muss, um dem durch sie selbst bis zur Unwiderstehlichkeit gesteigerten Verlangen nach vollständiger Nachahmung der Handlung zu genügen und die angefangene Illusion nicht unvollständig zu lassen oder sogleich wieder aufzuheben, auch noch die letzten Schritte thun: sie muss, so weit als es zu diesem Zwecke nöthig ist, das ganze Aussehen der handelnden Personen dem Bilde ähnlich machen, welches dem Geiste des Dichters vorgeschwebt hat. Hiermit ist nicht nur das *Costüm* im engeren Sinne gefordert, d. h, die entsprechende Kleidung, sondern auch gewisse künstliche Veränderungen in der leiblichen Erscheinung der Personen selbst, vor allem die *Gesichtsmalerei*. Dass zur Ausführung der Aktion die

Werkzeuge, durch welche, und die körperlichen Gegenstände, an welchen sie vollzogen wird, nicht fehlen dürfen, versteht sich von selbst. Und endlich muss, damit nicht durch Auslassung eines wesentlichen Bestandtheiles ein störender Bruch oder Widerspruch in die sichtbare Darstellung der Handlung komme und die Mimik nicht unmittelbar mit der realen, unkünstlerischen Aussenwelt zusammenstosse, auch der *Ort* der Handlung in einer dem poëtischen Bilde entsprechenden Weise eingerichtet oder nachgebildet sein. So erhalten wir als Schlusstein der theatralischen Aufführung des Drama's die *Scene mit ihrer architektonischen Einfassung*.

V. Mit den in der letzten Vorlesung entwickelten Gründen, aus welchen die dramatische Poësie nach dem Beistand der theatralischen Künste verlangt, ist bereits zum grössten Theil der *Gewinn* nachgewiesen, welcher ihr aus der mimisch-scenischen Aufführung der Handlung *vom Standpunkte des Zuschauers aus* erwächst. Fassen wir die Hauptpunkte noch einmal kurz zusammen.

Während durch den Hinzutritt der Gesticulation der mündliche Vortrag in den Stand gesetzt wurde sich in der Declamation zum rückhaltslosen Erguss des Gemüthsinhaltes zu steigern, wurde uns durch die Action, das Costüm und die Scenerie die Bestimmtheit, die Fülle, die Mannigfaltigkeit und individuelle Lebendigkeit der Anschauungen zurückgegeben, welche uns in den sprachlich mitgetheilten Vorstellungen Begriffen und Gedanken verloren gegangen war. Zu diesem schon früher nachgewiesenen Gewinn gesellte sich zuletzt ein noch grösserer.

Erst dadurch, dass der Dichter nicht nur die monologischen und dialogischen Reden der handelnden Personen sondern auch den ganzen Inhalt des Scenariums dem Schauspieler und der Bühne zur Darstellung übergibt und damit selbst als Mittelsperson ganz unserem Auge und Ohr entschwindet; dass er als eigentlicher Schöpfer der Handlung zwar ganz in ihr lebt aber nur unsichtbar mit seinem Geiste, der sich ganz in die Geister der handelnden Personen versenkt und zerlegt hat: erst dadurch erhalten diese den vollen Schein selbständiger und freier, aus eigenem Antrieb, nach eigenen Gedanken Gefühlen und Entschlüssen redender und handelnder Wesen, und die Handlung scheint sich, losgelöst von jedem fremden Ursprung und Zweck, lediglich aus sich selbst heraus zu entwickeln. Sie geht durchweg in unmittelbarer Gegenwart vor sich und bewegt sich in wesentlich gleicher Darstellungsform, ungehemmt, in stetigem Zusammenhang von Anfang bis zu Ende fort. Der Zuschauer, nicht gestört durch den unmittelbaren oder allzunahen Zudrang einer unkünstlerischen dem poëtischen Ideal widersprechenden Umgebung an die zur Handlung gehörenden Personen und Sachen, der Zumuthung oder Nöthigung enthoben die Kraft seiner Phantasie zur inneren Vorstellung einer Menge von äusseren Gegenständen und Vorgängen zu verwenden und anzustrengen, kann mit desto grösserer Leichtigkeit und strengerer Sammlung seine Aufmerksamkeit der Innenseite als dem wichtigsten und interessantesten Bestandtheile der Handlung zuwenden, so dass er um so eher im Stande ist selbst einen verwickelteren Complex einander bekämpfender Zwecke und Beweggründe, Gedanken und Leidenschaften klar aufzufassen und sicher zu beherrschen. Diese Erleichterung der Auffassung und somit auch des æsthetischen Genusses ist aber um so nöthiger und um so höher anzuschlagen, da die Ausbildung der dramatischen Poësie, wie wir früher schon zu bemerken hatten, gewöhnlich und jedenfalls bei normaler Entwicklung des geistigen Lebens einer Nation in dasjenige Stadium fällt, in welchem sich neben dem poëtischen Bewusstsein bereits das prosaische in hohem Grade ausgebildet, der nüchterne Verstand sich auf Kosten der Phantasie zur Herrschaft aufgeschwungen und die derselben im Jünglingsalter der Nation eigene frische Kraft und Lebendigkeit abgeschwächt hat. Um so weniger ist zu befürchten, dass durch die vollständige theatralische Nachahmung der Wirklichkeit der Phantasie die Gelegenheit oder Möglichkeit sich in dem zum vollen æsthetischen Genusse verlangten Grade zu bethätigen und zu bewegen entzogen werde. Hiezu bleibt ihr immer noch ein hinlänglich weiter Spielraum, indem sie nicht nur durch den mündlichen Vortrag des Mimen eine Menge von Vorstellungen zugeführt erhält, welche gar nicht für unser äusseres Auge dargestellt werden und deren Bereicherung und Belebung zu inneren Anschauungen ihr als Aufgabe zufällt, sondern auch das Interesse an dem inneren Zusammenhang der einzelnen Theile der Handlung unter einander und mit der sie gemeinsam durchdringenden Idee sie anregt die Schranken der jeweilen dem Auge gegenwärtigen Erscheinungen zu durchbrechen und sich rückwärts und vorwärts zu bewegen, sich in Vergangenheit und Zukunft zu ergehen.

Ausser all dem æsthetischen Gewinn aber, welchen das dramatische Gedicht der Mitwirkung der theatralischen Künste verdankt, haben wir endlich die Thatsache in Betracht zu ziehen, dass erst durch die mimisch-scenische Aufführung das Drama Gemeingut des Volkes wird und hierdurch erst die volle Kraft zur Hervorbringung der in unserer ersten Vorlesung besprochenen sittlichen Wirkung gewinnt. Denn der weitaus grösseren Menge würde das blosse Anhören eines nicht zugleich sichtbar dargestellten Drama's eher eine leidige Anstrengung als den gesuchten Genuss bereiten und somit das in ein Auditorium verwandelte Theater für sie kein Magnet sein.

Hiernach, m. H., dürfen wir uns nicht bedenken, das theatralisch aufgeführte Drama nicht nur als die vollkommenste künstlerische Ausbildung des poëtischen Drama's sondern auch als dasjenige Kunstwerk anzuerkennen, welches an Grossartigkeit und Bedeutsamkeit seiner Wirkung allen anderen Künsten und Kunstvereinen voransteht.

Dass auch ohne theatralische Aufführung das dramatische Gedicht als solches für sich seinen eigenthümlichen Werth habe, diese schon von Aristoteles (am Ende des sechsten Kapitels der Poëtik) ausgesprochene Behauptung, soll hiermit durchaus nicht angefochten werden. Auch das stille oder laute Lesen eines echt poëtischen Drama's kann einen hohen Kunstgenuss gewähren; jedenfalls werden wir es als werthvolles Surrogat willkommen heissen, wo die Gelegenheit theatralischer Aufführung mangelt, und einer unangemessenen werden wir es sogar mit vollem Rechte vorziehen. Für eine angemessene aber kann es keinen Ersatz bieten. Wenn der meisterhafte Vortrag eines *Tieck* einen in seiner Art einzigen Genuss gewährte und mit Recht die Bewunderung seines Zuhörerkreises erregte; wenn er allein durch den scharf contrastirenden oder fein nüancirter Wechsel des Tones, des Tempo's und der Klangfarbe seiner Stimme die Reden der dramatischen Personen so verständlich und bestimmt von einander unterschied, dass er wenigstens innerhalb eines und desselben Auftrittes ihre Namen gar nicht mehr zu nennen brauchte: so konnte doch selbst er die Mittheilung des dazwischentretenden Scenariums nicht überflüssig machen. Hierdurch wurde der stetige Fluss der Handlung immer noch zu häufig unterbrochen, nicht zu gedenken des störenden Eindruckes, welchen die abweichende persönliche Erscheinung des Vortragenden und die zu dem Inhalt des Drama's in keiner äussern Beziehung stehende Umgebung mehr oder minder stark aufdrängen musste. Und was das Wichtigste ist: gerade die erstaunliche Meisterschaft seines Vortrags wandte diesem und seiner Person ein so gewaltiges und selbständiges Interesse zu, dass die dem Interesse an dem Inhalt der Handlung gebührende Vorherrschaft erschüttert und hierdurch die Harmonie des echt dramatischen Eindruckes in ähnlicher Weise gestört wurde, wie dies im Theater der Fall ist, wenn glänzende mimische Virtuosität dem poëtischen Werthe des Drama's den Vorrang des Interesse's streitig macht. Auch werden die Liebhaber oder Parteigänger der dramatischen Lectur, wenn sie aufrichtig sein wollen und wirklich die lebendige Kraft der Phantasie besitzen, welche allein den Mangel der sichtbaren Aufführung ersetzen kann, eingestehen müssen, dass beim Lesen oder Hören entweder unwillkürlich ihrem inneren Auge das Bild einer Bühne und einer mimischen Darstellung auf derselben vorschwebt oder dass sie sich ein solches vorzumalen bemühen um ihren æsthetischen Genuss zu steigern.

Dieses durchaus richtige und zweckmässige Verfahren ist aber dasselbe, welches der echte dramatische Dichter während der Erzeugung des Drama's beobachtet, und wenn wir uns hiermit auf seinen Standpunkt versetzen, so gewinnt die Bühne für die dramatische Poësie eine neue Bedeutung, welche der bisher vom Standpunkte des Zuschauers aus von uns erkannten an Wichtigkeit wohl nicht nachsteht, indem sie uns den vollen Genuss erst gewährleistet. Denn dieser hangt in erster Linie doch immer davon ab, dass der Dichter uns ein Drama von echt poëtischem Werthe schafft. *Der Dichter aber gewinnt bei der Schöpfung eines Drama's durch den Hinblick auf das Theater* wenigstens ebenso viel und bedarf seiner zu dessen Vervollkommnung wenigstens ebenso sehr als der Zuschauer zum Genusse des fertigen Drama's.

V.

Vortheil eines stetigen Hinblicks auf die theatralische Aufführung für die Erzeugung des dramatischen Gedichtes.

Ich glaube Sie, m. H., mit dieser Behauptung von vorn herein nicht nicht besser befreunden zu können, als wenn ich Ihnen einen Ausspruch des grössten und beliebtesten deutschen Dramendichters anführe. *Schiller* schrieb im Jahre 1798 bei Gelegenheit einer brieflichen Erörterung des Unterschiedes zwischen epischer und dramatischer Poësie: « Ich wüsste nicht, was einen bei einer dramatischen Ausarbeitung so streng in den Grenzen der Dichtart hielte, und wenn man daraus getreten, so sicher darein zurückführte als eine möglichst lebhafte Vorstellung der wirklichen Repræsentation der Bretter eines angefüllten und bunt gemischten Hauses, wodurch die affectvolle unruhige Erwartung, mithin das Gesetz des intensiven und rastlosen Fortschreitens und Bewegens einem so nahe gebracht wird. » Das heisst mit andern Worten: wie die theatralische Aufführung als das wahre Ziel, die ursprüngliche und höchste Bestimmung der dramatischen Dichtung anzusehen ist, *so ist sie auch der sicherste Prüfstein für den Werth des dramatischen Gedichtes als solchen für sich.* Durch die unentwegte Verfolgung jenes Zieles erhält die dramatische Poësie selbst erst ihre Vollendung. Friedrich *Vischer* sagt (in seinen ersten kritischen Gängen, Th. II, S. 58): « das streng Dramatische ist immer auch theatralisch. » — Dieser Satz ist in so vollem Umfang wahr, dass wir getrost auch sagen dürfen: « was nicht theatralisch ist, das ist nicht streng dramatisch. » Ja wir brauchen uns nicht zu scheuen selbst in das scharfe Wort *Rudolf Gottschalls* einzustimmen: « jedes unaufführbare Drama leidet an einem organischen, unheilbaren Fehler. » (Rede über die Bedeutung des Schillercultus, 1853.) Diesem Urtheil kann sich selbst ein dramatisches Gedicht von so hohem Werthe und so ungeheurer Tragweite wie Gœthe's Faust nicht entziehen: auch als dramatisches *Gedicht* würde es vollkommener sein, wenn es durchweg aufführbar von vorn herein für die Bühne geschrieben wäre. Damit bleibt ihm freilich derjenige poëtische Werth, welcher ihm wirklich zukommt, unbenommen. Auch wollen wir der Erzeugung sogenannter *Lesestücke* oder Literaturdramen eine gewisse Berechtigung nicht absprechen. Viele derselben verdanken ihren Ursprung sehr ehrenwerthen Gründen und Rücksichten oder finden wenigstens ihre Erklärung und Entschuldigung in Zeitverhältnissen, an welchen der Dichter keine Schuld trägt. Was diesen verleitet oder zwingt von vorn herein die durch die Bühne geforderten Rücksichten fallen zu lassen, ist oft freilich seinerseits Mangel an Bühnenkenntniss, noch öfter vielleicht Mangel an thatkräftiger Gesinnung, Uebergewicht des Gefühls oder des Verstandes über Phantasie und Willenskraft, oder auch Wahl eines für das Volk nicht verständlichen oder nicht interessanten Stoffes und vornehme Verachtung des Bildungsstandes der Menge, zuweilen aber auch Verwöhnung und Entartung des Geschmackes auf Seiten des Publikums, und am häufigsten wohl gerade in unserer Zeit die finanzielle oder politische Bedenklichkeit der Theaterdirectoren und Intendanten, die Bevogtung des Theaters durch freiheitsfeindliche Polizeistaatsregierungen und die hieraus entspringende ausserordentliche Schwierigkeit ein dramatisches Gedicht zur Aufführung zu bringen.

Wir müssen aber, um an der Bühne nicht einen falschen Prüfstein des Werthes oder Unwerthes zu erhalten, wohl *unterscheiden zwischen den äusseren und inneren Bedingungen der mimisch-scenischen Darstellung*. Von jenen hangt vor allem die Möglichkeit, von diesen vorzugsweise die dramatische Wirkung der Aufführung ab. Die

Erfüllung der äusseren Bedingungen zur Möglichkeit der Aufführung entscheidet für sich allein durchaus noch nicht über den poëtischen Werth eines Drama's; wohl aber hangen sie mit den inneren Bedingungen der Wirksamkeit grossentheils so enge zusammen, dass auch auf sie der dramatische Dichter sein Augenwerk richten muss. Unmöglich kann der Dichter die Aufführung machen, wenn er z. B. die Scene so rasch und in einer solchen Weise wechseln lässt, dass der Schauspieler zum Umkleiden, der Maschinist zur Herrichtung der Decorationen keine Zeit hat, oder wenn er jenem halsbrechende selbst über Seiltänzerkünste hinausgehende Actionen, diesem die Bewerkstelligung von körperlichen Bewegungen zumuthet, welchen die Gesetze der Physik und Mechanik widersprechen. Damit wird noch nicht unausbleiblich dem poëtischen Werthe eines Drama's Abbruch gethan. Nicht selten aber hangt schon diese, besonders der modernen Romantik eigene Art von Missachtung der äusseren Bedingungen des Theaters mit poëtischen Fehlern zusammen, namentlich mit einer Ausschweifung der Phantasie ins Phantastische und einer undramatischen Zerfahrenheit der Composition, und wenn gar die dramatischen Reden einer und derselben Person so lang und so häufig sind, dass die Stimmmittel eines einzigen Schauspielers dazu nicht ausreichen, so ist dies gewiss immer zugleich ein poëtischer Fehler.

Die grössten und bedenklichsten Fehler aber, welche der dramatische Dichter begehen kann, sind nicht diejenigen, welche den Bühnenkünstlern die Aufführung unmöglich machen, sondern diejenigen, welche eine echt dramatische Wirkung auf den Zuschauer verhindern. Um sich dieser Wirkung zu versichern, wird der Dichter sic im Geiste nicht bloss auf die Bühne und an die Stelle der Schauspieler und Maschinisten versetzen sondern sich auch unter die Zuschauer mischen und auch von dieser Seite her ein stetiges Augenmerk auf die Bühne richten, wobei natürlich vorauszusetzen ist, dass er sie aus unmittelbarer Anschauung zur Genüge kenne. Der Gewinn, welcher ihm hieraus erwächst, erstreckt sich auf alle Punkte der poëtischen Thätigkeit vom Augenblicke der Conception an bis zum letzten Federzuge, so dass eine vollständige und einlässliche Erörterung desselben sämmtliche Kapitel und Paragraphen der Dramatik in sich aufnehmen müsste. Da aber unsere Vorlesungen nicht sowohl den Standpunkt des schaffenden Dichters als den des nachschaffenden Zuschauers einzunehmen haben, so beschränke ich mich darauf die Hauptpunkte jenes Gewinnes kurz zu bezeichnen.

Schon bei der *Auswahl oder Ergreifung des Stoffes* wird der Dichter am sichersten gehen, wenn er sich mitten unter die Zuschauer versetzt und zunächst diese selbst und dann zugleich mit ihnen die Schaubühne ins Auge fasst. Er wird alsdann nur solche Stoffe behandeln, welche nicht nur gemeinverständlich sind sondern auch ein hinreichend starkes allgemein menschliches und nationales Interesse darbieten, dagegen diejenigen bei Seite lassen oder verwerfen, zu deren Verständniss der durchschnittliche Bildungsstand und die Kenntnisse der Menge nicht ausreichen oder die allzufern stehenden Völkern und Zeiten entnommen sind, in deren Geist wir uns nicht versetzen, deren Ansichten wir nicht lebendig auffassen können, deren Gefühle Gesinnungen und Sitten den unsrigen widerstreben. Er wird nicht so leicht vergessen, dass die Vergangenheit nur in so weit einen lebendigen Eindruck auf unser Gemüth macht, als ihr Wellenschlag sich bis in die Gegenwart fortbewegt; dass die Thaten und Schicksale fremder Völker und Menschen nur in so fern unser Mitgefühl erregen, als eine allgemeine menschliche Idee in ihnen lebt.— Angesichts einer Zuschauerschaft, welche durch ihre Menge und mannigfaltige Mischung ihm wenigstens annäherungsweise als Repräsentant des nationalen und allgemein menschlichen Geistes gelten kann, wird er auch nicht so leicht der Versuchung unterliegen in der Weise des lyrischen Dichters solche Ansichten Gefühle Gesinnungen und Sitten darzustellen, welche vorzugsweise das individuelle, von dem Gemeinbewusstsein, dem Gemeingefühl und der Gemeinsitte abweichende Gepräge seiner eigenen Persönlichkeit tragen; er wird sich um so stärker darauf hingewiesen fühlen, wenn auch ohne Verläugnung seines eigenthümlichen Wesens, den verschiedenen handelnden Personen die wünschbare Fülle und Mannigfaltigkeit von Eigenschaften, der Handlung ein allgemein gültiges Interesse zu verleihen.—Die Achtung vor einem zahlreichen Kreise, welcher dazu berufen ist seinem Werke die Weihe zu ertheilen, wird den Dichter um so strenger anhalten die Gesetze der Schönheit, des Anstandes und der Sitte zu beobachten und der Hinblick auf die Bühne, wo die Handlung in unmittelbarer Nachahmung, in vollständiger sinnlicher Gegenwart vor sich geht, wird ihn um so leichter erkennen lassen, wo er Gefahr läuft mit dem sittlichen zugleich das æsthetische Mass zu überschreiten, wo die Schärfe der Charakteristik in Caricatur, die Natürlichkeit in Plattheit, die harmlose

Ungebundenheit in verletzende Schamlosigkeit und Gemeinheit, die menschliche Sünde in teuflische Verstocktheit auszuarten droht. Hinwieder wird er sich um so leichter vor einer falschen Idealisirung, vor Phantasterei und vor einem hohlen unlebendigen Pathos bewahren. Der *Hinblick auf die Bühne* wird ihm überhaupt einen ähnlichen und theilweise noch besseren und wirksameren Dienst erweisen als der *Hinblick auf die Natur*, welcher jedem Künstler während des ganzen Verlaufes seiner Kunstthätigkeit so ungemein wichtig und nöthig ist, nicht um die Natur sclavisch nachzuahmen, sondern um nicht ihre ewigen Grundgesetze und Grundformen zu verletzen, deren Beobachtung unabweisliche Forderung der echten Idealisirung ist und allen Kunsterscheinungen zu ihrer allgemeinen Bedeutsamkeit zugleich ihre individuelle Bestimmtheit und Deutlichkeit, ihre Lebensfülle und Lebenswahrheit hinzuverleiht.

Ganz besonders wichtig wird ihm dies für die *Charakteristik* der dramatischen Personen. Stellt er sich diese recht lebendig vor, wie sie auf der Bühne leibhaftig erscheinen und im ununterbrochenen Verlauf der Handlung sich benehmen: so wird er um so sicherer und leichter die Fehler bemerken und vermeiden, welche bei diesem ebenso wichtigen als schwierigen Bestandtheile der dramatischen Dichtung nur zu häufig begangen werden: er wird wahre und lebendige Charaktere schaffen, welche mit der Einheit ihrer Züge zugleich die erforderliche Fülle und Eigenart verbinden, weder hohle Personifikationen abstrakter Begriffe, ausschliessliche Repräsentanten einer einzigen sittlichen Eigenschaft, noch unorganische Aggregate einer Menge mit einander unverträglicher Elemente.

Auch *der Geschichte gegenüber* wird er sicherer den richtigen Standpunkt gewinnen und behaupten: er wird sich bestimmtere Rechenschaft darüber geben, wie weit und wie er den überlieferten Stoff nach der Idee seiner Dichtung umgestalten mindern oder mehren oder aber im Interesse derselben, also ohne darum seine künstlerische Freiheit und Selbstherrlichkeit aufzugeben, ihm Treue bewahren soll. Die sichtbare Darstellung des Costüms im weiteren Sinne, d. h. der äusseren Culturformen einer bestimmten geschichtlichen Zeit und Nation, der Kleidung, der Waffen und Geräthschaften, der örtlichen Einrichtungen und Gebräuche wird ihn um so eindringlicher warnen vor Widersprüchen und anstössigen Anachronismen in der Charakteristik; er wird sich um so gewissenhafter und leichter in den Geist einer fremden Zeit versetzen und sich hüten durch unbesonnenes oder bequemes Verharren auf dem geistigen Standpunkte seiner eigenen Zeit und seiner eigenen Person den dramatischen Personen Züge zu leihen, welche zu dem Geiste ihrer geschichtlichen Zeit und ihrer Nation sowie zu ihrem Stand und Alter nicht passen, ein Fehler, welchen in unbewachten Augenblicken selbst Koryphæen der dramatischen Poësie sich leicht zu schulden kommen lassen. Gewiss nicht mit Unrecht sagt *Vischer* (Aesthetik. Th. II, S. 370): « Seit der Wallenstein im richtigen Costüme des dreissigjährigen Krieges aufgeführt wird, fühlt man recht, wo der Dichter diese gestiefelte Zeit richtig angeschaut, wo er dagegen zu viel Philosophie und Sentimentalität hineingelegt hat. Buttler in der Dragoneruniform jener Zeit ist ein Mensch aus Einem Stück, Max als Pappenheimer Oberst ein Unding. »

Selbst die charakteristische *Sprache*, die Angemessenheit des *Stils* und des *Rhythmus* zu dem Wesen und dem jeweiligen Seelenzustande der handelnden Personen würde manchem Dichter besser gelungen sein, wenn er sich die theatralische Erscheinung derselben deutlicher vorgestellt hätte. In dieser Hinsicht steht Schiller hinter Goethe zurück, wie sehr er ihn auch sonst als Dramatiker überragt. « Als Wilhelm Tell zum erstenmal in Weimar aufgeführt wurde, war kein Schweizer damit zufrieden.» Warum wohl? Dass Schiller den Schweizergeist treu und gründlich erfasst habe, ist doch je länger je mehr anerkannt worden. Vielleicht hat die fast durchgängig so streng ideal gehaltene Sprache den grössten Antheil an jenem ersten Eindruck gehabt. Dass Schiller auch für sprachliche Charakteristik eine ausgezeichnete Befähigung besass, das hat er namentlich in Wallensteins Lager gezeigt. Dass er den Schweizer Hirten Jägern Fischern und Bauern ausschliesslich deshalb eine weniger charakteristische Sprache in den Mund gelegt, weil er sie sich nicht so lebhaft in ihrem wahren Costüm vorgestellt habe wie die Wallensteinischen Krieger, das wage ich freilich nicht zu behaupten. Der Hauptgrund scheint mir vielmehr dieser zu sein: Die durch Schiller's ganze dramatische Thätigkeit sich hindurchziehende und im Tell zur vollen Wirklichkeit sich durchkämpfende Idee der staatsbürgerlichen Freiheit war ein zu wesentlicher Grundzug seines eigenen Charakters, wurzelte zu tief in seiner ursprünglichen geistigen Natur, als dass er die Träger und siegreichen Verfechter anders als in dem ihm selbst eigenthümlichen subjectiven Stil reden lassen konnte, welchen wir, freilich weniger geläutert auch bei seinen anderen Freiheitshelden, namentlich bei Marquis Posa finden. Im allgemeinen aber bleibt es deshalb doch wahr, dass eine recht lebendige und scharfe Vorstellung der mimisch-scenischen Erscheinungen ein mächtiger Sporn und Hebel ist für eine objectiv charakteristische und individuelle Sprache der dramatischen Personen.

Ganz besonders ist sie dies ferner für eine echt dramatische *Komposition* in allen ihren Momenten, vor allem für die strengere Einheit Bündigkeit und Gedrungenheit, welche das dramatische Gedicht um seiner grösseren Innerlichkeit und seines concentrirteren Interesses willen dem epischen gegenüber kennzeichnen soll. Die Rücksicht auf die engen Schranken des Raumes und der Zeit und mehr noch auf die Bedingungen der angemessenen Wirkung auf Geist und Gemüth der Zuschauer weisen den Dichter darauf hin alles Ueberflüssige und Ungehörige, besonders eigentliche Episoden, auszuscheiden, die Interessen und Zwecke der Handlung einander in hinlänglich strenger und zugleich verständlicher Weise unterzuordnen und namentlich in dem Verhalten der Hauptperson einem bestimmten Pathos die Herrschaft über die zur wünschbaren Lebendigkeit und Wahrscheinlichkeit erforderlichen Nebenzüge zu bewahren sowie auch Contraste und Uebergänge angemessen zu vertheilen. Auch wird der wahrhaft bühnenkundige und ernstlich für die Bühne schaffende Dichter einerseits die sogenannte Einheit der Zeit und des Ortes nicht auf Unkosten des Inhaltes der Handlung nach den pedantisch strengen und willkürlichen, mit Unrecht dem Aristoteles zugeschriebenen Regeln der französischen Klassiker beobachten, anderseits aber auch Ortswechsel und Zeitsprünge sich nur so weit erlauben, als

Inhalt und Gang einer echten dramatischen Handlung dies gebietet. Diesen selbst aber wird er um so gewissenhafter und sicherer zu einem echt dramatischen *Rhythmus*, zu einer schön gegliederten und fliessenden Bewegung gestalten, wenn er sich recht lebhaft in die jeweilige Gemüthsstimmung der Zuschauer versetzt, welchen er zumuthet die Handlung von Anfang bis zu Fnde mit Interesse zu verfolgen. Dieses hinlänglich zu erwecken und zu steigern und hinwieder die Spannung am rechten Orte zu ermässigen und zu befriedigen, einerseits Langeweile anderseits Ueberreizung zu verhüten, wird er nicht nur den Hauptgliedern der Handlung sondern auch ihren untergeordneten Abschnitten das rechte Mass der Ausdehnung zutheilen. Vor allem wird er die Exposition sich nicht zu sehr verselbständigen lassen, ihren verschiedenen Bestandtheilen die rechte Stelle anweisen, wo sie den Gang der Handlung nicht störend unterbrechen und wo sie durch diesen selbst, nicht durch den Zweck der Mittheilung an die Zuhörer, hervorgerufen erscheinen. Er wird den Hauptwendepunkt (Peripetie) und den Ausgang (Katastrophe) nicht zu früh und nicht zu spät eintreten lassen und das Tempo der Fortbewegung mit Rücksicht auf die psychologische Thatsache bestimmen, dass bei der im Fortgang der Handlung gesteigerten Spannung auf den Ausgang die Pulse der Zuschauer rascher schlagen. Er wird überhaupt im ganzen Verlauf der Handlung um so sicherer berechnen können, ob und wie weit er in verschiedenen Momenten und Situationen das Gemüth aufregen darf oder eine gewisse Beruhigung durch geistige Sammlung eintreten lassen muss, und demgemäss dafür sorgen, dass die Handlung weder stocke oder sich hinschleppe noch sich in ihrer Beschleunigung überstürze.

Endlich erweist sich die Bühne auch als zuverlässiger Prüfstein des *richtigen Verhältnisses zwischen der Innenseite und der Aussenseite der Handlung*. Hierin besteht der wesentlichste Theil der Bühnenkenntniss und vielleicht der wichtigste und unentbehrlichste Dienst, welchen sie dem Dichter bei der Schöpfung des Drama's leistet. In dieser Hinsicht ist streng festzuhalten, was schon in früherem Zusammenhang betont werden musste, dass beide Seiten, die äussere wie die innere, nothwendig zur dramatischen Handlung gehören, und dass es einerseits zwar die Hauptaufgabe des Dichters ist durch Reden der dramatischen Personen möglichst klar und tief und vollständig uns zum Bewusstsein zu bringen, wie es in ihrem Kopf und Herzen aussieht; dass aber anderseits der Menschengeist als die Rüstkammer und Werkstatt der That erscheinen muss; dass alle Gedanken Empfindungen Bestrebungen und Entschlüsse erst dadurch dramatisch werden, dass sie nach aussen wirken und hinwieder von aussen her auf das Innere zurückwirken; kurz dass äussere und innere Vorgänge beständig in wechselseitigem ursachlichen Zusammenhang stehen. Das hat schon Aristoteles (Poëtik. K. 6.) ganz bestimmt hervorgehoben, indem er als Zweck der Tragoedie nicht die Charaktere sondern die Handlung bezeichnet und ausdrücklich hinzusetzt, der Zweck sei die Hauptsache.

Der dramatische Dichter kann nach beiden Seiten nur zu leicht fehlen, indem er die eine oder andere sich zu verselbständigen und äusserlich oder innerlich zu viel oder zu wenig geschehen lässt. Legt er das Hauptgewicht der

Darstellung auf die äusseren Vorgänge, so ist er zu sehr Epiker; verliert er bei der Darstellung der inneren Vorgänge die Richtung auf ein bestimmtes äusseres Ziel aus dem Auge und lässt Geist und Gemüth sich zu ausschliesslich subjektiv verhalten, sich nur in sich selbst bewegen, so ist er zu sehr Lyriker. Der erstere Fehler entspringt gewöhnlich aus Armuth und Flachheit, der letztere nicht selten aus Reichthum und Tiefe der Gedanken und Gefühle oder aus einem übermässigen Hang zu abstracter Reflexion. Wir finden in den Dramen ungemein geist- und gemüthvoller Dichter nicht selten längere rhetorische oder lyrische Ergüsse, deren Inhalt für sich genommen vortrefflich ist, aber weil er mit der eigentlichen Handlung in gar keinem oder einem allzufernen Zusammenhang steht, als Abschweifung von der Bestimmung des Drama's angesehen werden muss, ein Fehler, welcher namentlich bei den sogenannten Classikern des französischen Drama's hervorgetreten ist und sich von ihnen auf die deutsche Bühne vererbt hat bis über die erste Hälfte des vorigen Jahrhunderts hinaus. Nach beiden Seiten hin hat Goethe Tadel erfahren müssen: in Goetz hat er den Leuten zu viel, in Iphigenie und Tasso zu wenig geschehen lassen, nämlich äusserlich. Der Fehler ist aber hier wie dort im Grunde nicht so gross, wie er gewöhnlich gemacht wird. Das Zuviel oder Zuwenig des äusseren Geschehens lässt sich nicht nach der Elle abmessen, am allerwenigsten nach derjenigen, welche ein für höhere geistige Interessen abgestumpftes, durch scenischen Prunk und überhaupt durch gröberen Sinnenreiz verwöhntes Publicum anzulegen pflegt. Das richtige Mass ist ein durchaus relatives; es beruht in der durchgängigen und innigen Beziehung auf das innere Geschehen. Der Dichter soll eben äusserlich nicht mehr geschehen lassen, als durch das innere Geschehen sein volles Interesse erhält, aber auch nicht weniger. Undramatisch ist nicht nur jeder äussere Vorgang, welcher uns nicht wie der organische Leib einer lebendigen Seele erscheint, sondern auch jeder innere Vorgang, welcher nicht mittelbar oder unmittelbar aus der Handlung entspringt oder in sie einmündet. Dabei soll man aber nicht vergessen, dass jede aus bestimmter Absicht hervorgegangene Einwirkung von Menschen auf das Innere anderer Menschen, auch wenn sich damit noch nicht sogleich eine bedeutende Veränderung der äusseren Lage verbindet, schon Handlung ist und zwar im Drama der wichtigste Theil der Handlung; dass ferner manche in ihrer Erscheinung höchst einfache und in wenigen Augenblicken ausgeführte That eine weit verwickeltere Arbeit und ein längeres Verweilen in der geistigen Werkstatt nöthig macht als manche in der Erscheinung zusammengesetzte und verwickelte, in der Ausführung schwierige und langwierige, und dass es oft von weit höherem und stärkerem Interesse ist jene innerlich sich vorbereiten als äusserlich die letzte Hand an sie legen zu sehen. Der Dichter sorge nur dafür, dass das Streben der dramatischen Personen nach einem praktischem Ziele durch den Widerstreit der Interessen hinlänglich straff gespannt sei, so wird dem Drama auch die sogenannte drastische Kraft nicht fehlen. Die Bedeutsamkeit, nicht die grössere oder geringere Summe der äusseren Vorgänge für sich genommen ist hierfür entscheidend. Ueberlassen wir es dem auf ein nichtsnutziges Publicum speculirenden Theaterdirector im ersten Prolog zu Gœthe's Faust seinem Dichter zuzurufen:

» Besonders aber lasst genug geschehn!
Man kommt zu schaun; man will am liebsten sehn.
Wird Vieles vor den Augen abgesponnen,
So dass die Menge staunend gaffen kann,
So habt ihr in der Breite viel gewonnen;
Ihr seid ein vielgeliebter Mann.
Die Masse könnt ihr nur durch Masse zwingen;
Ein Jeder sucht sich endlich selbst was aus.
Wer Vieles bringt, wird Manchem etwas bringen,
Und jeder geht zufrieden aus dem Haus. «

Nach diesem Recept zusammengestoppelte Schaustücke mögen allerdings an vielen Orten die Kasse am sichersten füllen, und wie gegenwärtig die Sache des Theaters steht, möchten wir fast ausrufen:

» Es muss auch solche Käuze geben, «

damit nämlich manche Theater überhaupt bestehen können. Im Interesse der echten Kunst hingegen ermahnen wir unserseits den Dichter lieber mit den Worten der lustigen Person:

» Drum seid nur brav und zeigt euch musterhaft;
Lasst Phantasie mit allen ihren Chören,
Vernunft, Verstand, Empfindung, Leidenschaft,
Doch, merkt euch wohl, nicht ohne Narrheit hören. «

So wird er jedenfalls ein kunstsinnigeres Publikum besser befriedigen und ein für höheren und reineren Genuss empfängliches besser heranbilden. Schärfen wir ihm aber dabei zugleich aufs dringendste ein, ja immer mit seinem Geiste im Theater gegenwärtig zu sein. Hört er die dramatischen Personen nicht bloss sprechen sondern sieht sie zugleich in entsprechender Haltung Kleidung und Umgebung auftreten, so vergisst er einerseits nicht so leicht, dass sie in letzter Linie nicht sowohl da sind um zu sprechen als um zu handeln; anderseits bleibt er sich des Bedürfnisses bewusst die äusseren Erscheinungen hinlänglich mit dem geistigen Gehalt zu erfüllen, welcher ihnen erst das wahre dramatische Interesse verleiht. Er muss beständig die unæsthetische Leere fühlen, welche da entsteht, wo mit dem Auge nicht zugleich Geist und Gemüth in Anspruch genommen wird. Er muss den peinlichen Eindruck vorempfinden, welchen ein zu lange fortgesetztes stummes Spiel, eine bloss körperliche Thätigkeit bei dem Zuschauer erzeugt, wenn sie nicht von mündlichen Aeusserungen begleitet ist, welche die Aufmerksamkeit zugleich auf die Bedeutung derselben hinrichten, es sei denn, dass durch den ganzen Zusammenhang der Handlung die Erwartung zur Genüge auf das Bevorstehende gespannt bleibt. Wer möchte z. B. ein Minuten lang dauerndes Gefecht einzelner Personen oder ganzer Schaaren, selbst wenn es eine Reihe von wichtigen Wechselfällen enthält, ohne Missbehagen Ungeduld oder Versuchung zum Lachen ansehen, wenn nicht dazwischen gesprochen wird oder wenn das Geklirr der Waffen die Worte übertönt. Im Epos lassen wir uns wohl die ausführlichere Darstellung eines solchen Vorganges gefallen; dort ist sie ganz am Ort; denn durch die bloss schreckliche Mittheilung wird bloss eine innere Vorstellung desselben bewirkt, und die Phantasie des Hörers oder Lesers ist zur Genüge damit beschäftigt dieselbe zu einer möglichst bestimmten und lebendigen Anschauung zu verdichten. In dem theatralisch aufgeführten Drama dagegen, wo das leibliche

Auge der Phantasie das Geschäft abnimmt sich die gleichzeitigen sichtbaren Erscheinungen innerlich vorzustellen, muss diese um so lebhafter und durchgängiger durch das gesprochene Wort in Thätigkeit gesetzt werden.

Nach welcher Seite hin, sei es aus Mangel an Bühnenkenntniss oder Frische der Phantasie, sei es aus Unachtsamkeit oder grundsätzlicher Verschmähung der Bühne, am meisten gesündigt wird, das hangt sowohl vom Zeitgeist und von Zeitumständen als von der Eigenart der einzelnen Dichter ab. Von den zahlreichen dramatischen Dichtern der neuesten Zeit hat sich leider wohl die Mehrzahl auf beide Abwege vertheilt. Die Erörterung der Ursachen dieser beklagenswerthen Erscheinung müssen wir der Literaturgeschichte überlassen. Welchen der beiden Abwege aber wir vom æsthetischen Standpunkt aus für den bedenklichern zu halten haben, kann nicht zweifelhaft sein. Wie weit auch ein dramatisches Gedicht, wenn es die subjective Innenseite der Handlung auf Kosten der That verselbständigt und isolirt, wenn es über der Darstellung von Gedanken Gefühlen und Gesinnungen das Strebeziel aus dem Auge verliert, hinter dem Wesen seiner Gattung und somit hinter der höchsten Aufgabe der Poësie zurückbleibt: es kann dabei doch durch Reichthum und Tiefe der Gedanken, durch Lauterkeit und Adel der Gesinnung und durch eine schöne Sprache immer noch einen beziehungsweise hohen *poëtischen* Werth behaupten und es bedauern lassen, dass der Mangel an spezifisch dramatischer Wirksamkeit ihm den Weg zur Bühne verschliesst. Bei dramatischen Gedichten hingegen, welche das Hauptgewicht auf die Darstellung der äusseren, sichtbaren Gegenstände und Vorgänge werfen und bei innerer

Gehaltlosigkeit Geist und Gemüth weder befriedigen noch beschäftigen, müssen wir vielmehr bedauern, wenn sie auf der Bühne Eingang finden. Denn durch ihre Aufführung wird das dramatische Theater seiner höchsten Bestimmung entzogen: es wird der Poësie das in erster Linie *ihr* gebührende Scepter entwunden und den auf der Bühne zu ihrem Dienste bestimmten Künsten, der Mimik und der Scenerie, in die Hand gegeben, welche es nimmermehr mit der dem vollständigsten und höchsten Kunstverein geziemenden Würde und Wirksamkeit zu führen vermögen. —

Hiermit, m. H., sind wir zu dem Punkte gelangt, auf welchem wir das früher nachgewiesene *Grundgesetz aller Kunstvereine*, das Gesetz der Unterordnung aller einzelnen Vereinskünste unter die Herrschaft einer einzigen, wieder aufzunehmen und an der Hand desselben die verschiedenen geschichtlich hervorgetretenen Hauptarten und Hauptformen des dramatischen Theaters von Seiten ihres æsthetischen Werthes oder Unwerthes zu erörtern haben. Die Lösung dieser Aufgabe wird der Hauptzweck unserer ferneren Vorlesungen sein.

B. Besonderer Theil.

Anwendung des Grundgesetzes auf die verschiedenen Hauptarten und Hauptformen des dramatischen Theaters.

I.

Die theatralischen Künste im Dienste der dramatischen Poësie.

Da der Rang eines durch Verbindung mehrerer Künste entstandenen Gesammtkunstwerkes immer von dem Range der herrschenden Kunst abhangt und in demselben Verhältniss, in welchem diese sich von der Poësie entfernt und unabhängiger macht, zugleich das Theater von seiner Höhe herabsinkt: so müssen wir zunächst darauf bedacht sein der Poësie die Herrschaft zu verschaffen und zu sichern. Dieser Zweck aber wird jedenfalls am sichersten erreicht, wenn die *Mitwirkung der übrigen Künste auf*

VI.

das Nöthige beschränkt wird, und dessen ist weniger als der verwöhnte Sinn unserer Zeit zu verlangen pflegt.

Bei den theatralischen Aufführungen der alten *Griechen*, denen wir doch zugestehen müssen, dass sie, wenigstens vom Standpunkt ihrer Lebensanschauung aus, in der dramatischen Kunst das Höchste geleistet haben, erscheinen während der Zeit der entwickelten Blüte Mimik und Musik Tanz Costüm und Scenerie zwar mit grossartigem Kunstsinn ausgebildet aber doch in der zweckmässigsten Einfachheit. Der *Schauspieler* trat nur als *Diener des Dichters* auf, dessen Absichten und Vorschriften er bescheiden, willig und gewissenhaft ausführte. Die mimische *Action* im engeren Sinne spielte der *Declamation* gegenüber eine ganz untergeordnete Rolle. Es war war dies eine natürliche Folge des Grundsatzes das Hauptinteresse möglichst streng auf die durch das poëtische Wort darzustellende Innenseite der Handlung zu concentriren. Auch war der griechische Schauspieler, namentlich in der Tragœdie, zur Steigerung der Erhabenheit seiner sichtbaren Erscheinung mit einem so schwerfälligen Costüm ausgestattet, dass schon deshalb eine freie und der vollen Lebhaftigkeit des griechischen Temperamentes entsprechende Action nicht möglich war. Diejenigen äusseren Thaten, welche die Glieder des Körpers längere Zeit hindurch in Anspruch nahmen und der gleichzeitigen Rede wenig oder gar nicht bedurften, oder deren unmittelbare äussere Anschauung den Schönheitssinn zu sehr verletzt und das Gemüth gewaltiger erschüttert haben würde, als sich mit dem reinen æsthetischen Genuss verträgt, wurden theils hinter die Bühne verwiesen und auf derselben nur durch Ohren- oder Augenzeugen als ver-

gangen berichtet, theils dem Auge erst als vollbrachte
in ihrem Endpunkt oder Resultat vorgeführt durch künstlich verfertigte oder durch lebende Bilder, welche nach
Eröffnung der Hinterwand der Bühne innerhalb eines
Pallastes oder Tempels oder Zeltes erschienen oder durch
eine Maschine in den Vordergrund gerollt oder gestossen
oder getragen wurden. Die letztere Art der Darstellung
wurde gewöhnlich erst bei der Katastrophe angewandt,
wo das bedeutsame Gesammtergebniss der Handlung in
gedrängter Fülle auf Sinn und Geist und Gemüth der
Zuschauer zugleich einwirken sollte. So öffnet sich am
Schlusse des Agamemnon, des ersten Stückes der Aeschyleischen Trilogie, welche die drei Hauptmomente des
tragischen Schicksals des Atreidenhauses zum Inhalt hat,
die Mittelthür des königlichen Pallastes und vor den
Augen der tiefbewegten und zugleich echt poëtisch vorbereiteten Zuschauer steht Klytæmnestra mit blutgefärbtem
Schwerte bei den Leichen Agamemnons und Kassandra's,
in den Händen das Badegewand, in welches sie ihr Opfer
verstrickt hat, und in dem folgenden Stücke, den Grabesspenderinnen, tritt ebenfalls zum Schluss Orestes als
Rächer des Vaters mit dem Mordschwert und dem Truggewande aus dem Pallast hervor, aus dessen geöffnetem
Mittelthor die Leichen des Aegisthos und der Klytæmnestra auf Baren hervorgetragen oder hervorgeschoben
werden.

Bei einer solchen Behandlung der Aussenseite der
Handlung beschränkte sich das sichtbare Verhalten des
Schauspielers meist auf die das gesprochene Wort begleitende und unterstützende *Gesticulation*. Diese war freilich
um so nöthiger, da wegen der zugleich zur Charakteristik

der Person und zur Verstärkung des Redeschalles dienenden Gesichtsmaske das *Mienenspiel* gänzlich fehlte. Dasselbe würde ohnehin bei der grossartigen Ausdehnung des Zuschauerraumes nicht bemerkt worden sein und konnte auch bei der mehr typischen als individuellen Charakteristik leichter entbehrt werden als bei uns. Wenn deshalb auch das Gebärdenspiel um so weniger die den Griechen eigene Lebhaftigkeit verläugnete, so war es, doch selbst abgesehen von dem beschwerlichen Costüm, schon durch den ihnen nicht minder eigenen Sinn für plastische Schönheit gemässigt und an eine bestimmte Gesetzmässigkeit gebunden. Der Ausspruch A. W. Schlegels (Dramat. Vorlesungen I, 99), dass wir uns die tragischen Personen der griechischen Bühne als belebte, bewegliche Statuen im grossen Styl zu denken haben, bezeichnet treffend den Charakter der tragischen Mimik der Griechen von ihrer sichtbaren Seite.

Ganz in Uebereinstimmung hiermit war auch in der *Declamation* der Willkür des Schauspielers weniger Spielraum gelassen als bei uns, wenigstens in der Tragœdie. Da das Pathos der in ihr auftretenden Helden ein hoch ideales und typisches war, sich im ganzen ziemlich gleich blieb und selbst in Momenten besonders leidenschaftlicher Erregung und auffallenden Stimmungswechsels noch als Grundlage bemerklich blieb: so war auch ein häufiger und starker Wechsel der Klangfarbe, des Grundtons und der Geschwindigkeit der Rede, kurz alles das, wodurch der Declamator gerade am meisten die Aufmerksamkeit der Zuhörer auf seine Darstellungskunst lenkt, im ganzen weniger nöthig und kam daher auch weniger in Anwendung als bei uns. Denn aller Ueberfluss und alle Uebertreibung in der Anwendung der künstlerischen Mittel widerstrebte in jener klassischen Zeit dem griechischen Geist und man verzichtete lieber auf die stärkere Wirkung, wo man sie nur durch Ueberschreitung der Schönheitsgränzen hätte erreichen können. Desto grössere Sorgfalt wurde beim mündlichen Vortrag auf Alles verwendet, was wirklich erforderlich war die poëtische Schönheit des Drama's nach Inhalt und Form für Geist und Sinn recht vollständig und eindringlich zur Geltung zu bringen. Daher vor allem Bestimmtheit Deutlichkeit und Reinheit in der Aussprache der Laute, strenge Beobachtung der richtigen Zeitdauer und Betonung der Silben Wörter und Sätze, wodurch zugleich mit dem vollen Verständniss und Genuss des Inhaltes der volle Genuss der phonetischen und rhythmischen Schönheit der Sprache erzielt wurde. In allen diesen Punkten war der Schauspieler an ebenso fest als fein ausgebildete Regeln und Gesetze gebunden. Zu deren sicherer Durchführung wurde sein Vortrag sogar durch einen hinter der Bühne befindlichen Flötenspieler begleitet, welcher ihm besonders an schwierigen Stellen zur richtigen Abmessung des Tempo's, des Taktes und der Tonstärke, des Grundtones und der Modulation der Stimme behülflich war. Verstösse gegen die Richtigkeit der Laute, der Zeitdauer und der Betonung der Silben waren dem feinen Ohre der Griechen unerträglich, und wehe dem Schauspieler, der sie sich zuschulden kommen liess: er hatte nicht nur von Seiten der Zuhörer sofortige laute Aeusserungen des Unwillens sondern auch wohl von Seite der Staatsbehörde Busse oder Verweisung von der Bühne zu gewärtigen, ja sogar, wenn er in der Rolle eines Gottes gefehlt hatte, körperliche Züchtigung. Als einst der Schauspieler Hegelochos — so wird uns berichtet — in Euripides Tragœdie Orestes (V. 279) den durch den Apostroph bezeichneten leisen Hauch zu Ende eines Wortes nicht hören liess, wodurch leider die Windstille in einen Marder oder eine Katze verwandelt wurde: da brach das ganze Theater in ein schallendes Gelächter aus und der arme Sünder wurde hinterdrein von den Komikern wiederholt von der Bühne herab verspottet. Sollte diese Anekdote auch der geschichtlichen Wahrheit entbehren, so ist sie doch sicherlich in griechischem Geist erfunden. Ein Vortrag, welcher die Besucher des Theaters in Athen befriedigen sollte, erforderte demnach, selbst abgesehen von dem Verständniss des Inhaltes der Rolle, von dem tiefen Eindringen in den Geist der Dichtung, nicht nur eine sorgfältig und einsichtsvoll geleitete und unermüdlich fortgesetzte Uebung sondern auch eine gründliche wissenschaftliche Bildung, und über beides hatten sich die athenischen Schauspieler in der Prüfung auszuweisen, welche sie von Staatswegen bestehen mussten, ehe sie die Bühne betreten durften. Auch liessen sie sich um den an sie gestellten Anforderungen zu entsprechen keine Anstrengungen und Entbehrungen gereuen. Sie beobachteten die grösste Vorsicht und Mässigung im Essen und Trinken und hatten ihre ganze Lebensweise mit Rücksicht auf ihren Beruf eingerichtet. Bestimmte Stunden eines jeden Tages waren für Spaziergänge oder für die Uebungen im Declamiren und Singen angesetzt. Die letzteren fanden nie nach dem Essen sondern schon früh Morgens statt, wobei sie es nie unterliessen eine Zeitlang die Tonleiter auf- und abwärts zu singen. Die Hauptrollen des Drama's enthielten nämlich fast alle auch *Gesang*.

Leider besitzen wir über diesen sowie überhaupt über die griechische *Musik*, besonders aus der Blüthenzeit des Drama's, nur dürftige und zum Theil unzuverlässige Nachrichten, und vollständige grössere Tondichtungen sind uns aus dem griechischen Alterthum gar nicht übrig geblieben. Doch können wir schon aus inneren Gründen zuversichtlich schliessen, dass die Musik im dramatischen Theater ebenso wie die Mimik durchaus nicht selbständig sondern nur als dienende Begleiterin der Poësie auftrat, und während sie der Stimmung und Bewegung des Gemüthes einen unmittelbarern und lebendigern Ausdruck verlieh, doch zugleich nicht nur die poëtische und rhythmische Schönheit der Sprache noch mehr hervorhob sondern selbst das Verständniss des Wortinhaltes eher beförderte als beeinträchtigte. Zu diesem Behuf schloss sich die schon wegen der geringereren Ausdehnung der Tonreihe beschränkte Melodie mit Vermeidung aller eigentlichen Figuren ohne Zweifel Ton für Ton an die Sprachsilben an und näherte sich, besonders im Einzelgesang mehr und durchgängiger, als bei uns der Fall ist, der Declamation, wodurch es möglich wurde den Ausdruck des specifisch poëtischen Inhaltes bis in dessen einzelne Momente durchzuführen. Harmonischen Gesang in unserm Sinne hatten die Griechen noch nicht; von Accorden, welche die Melodie begleiten, kam im Gesang selbst höchstens die Octave vor, Polyphonie nur durch die Instrumentalmusik hinzu und zwar in sehr beschränktem Masse. Eine minder einfache und anspruchslose Musik wäre auch geradezu widersinnig gewesen; denn sie würde die gesungenen Stellen des Drama's, namentlich die Chorlieder, welche ohnehin durch die Tiefe ihrer Gedanken, durch ihren Reichthum an ungewöhnlichen Ausdrücken und Bildern und durch die kühnsten Umkehrungen der Wortfolge selbst für die Griechen nicht gar leicht verständlich sein konnten, vollends unverständlich gemacht haben; die Schönheit des Inhaltes und des ungemein künstlich gebildeten Rhythmus würde ganz verloren gegangen sein, und die hierauf verwendete Kraft und Sorgfalt müsste uns als eine mindestens ebenso zwecklose Verschwendung erscheinen wie die volle Entwicklung aller selbst der feinsten Mittel der Malerei für die scenische Decoration. Ein so widersinniges Verhalten ist um so weniger anzunehmen, da die Koryphæen der attischen Tragœdie die Dichter und die musikalischen Komponisten ihrer Dichtungen in einer Person und gewiss um so weiter davon entfernt waren ihr eigenes poëtisches Werk zu vernichten. — Die durchweg musikalische moderne *Oper* war den Griechen fremd. Es fehlte zwar dem durch Instrumente begleiteten Gesang nicht an Mannigfaltigkeit der Formen: ausser den vor der Bühne in der tiefer gelegenen Orchestra gesungenen *Chorliedern* kamen *Einzelgesänge* der scenischen Personen und *Wechselgesänge* derselben mit dem Chore vor, durch welche die lyrischen Bestandtheile des Drama's in engere Verbindung mit der Handlung traten. Aber der Gesang trat nur hier und da an angemessenen Stellen ein, theils zwischen den Hauptgliedern der Handlung, während deren die Bühne offen blieb, theils in Momenten des stark aufgeregten Gefühls; den Hauptbestandtheil bildete seit der Zeit der vollkommensten Entwicklung des Drama's das gesprochene Wort; hinter dieses war der Chorgesang, welchem das Drama seinen Ursprung verdankte, mit der Zeit immer mehr zurückgetreten.

Dem poëtischen Elemente des Drama's war ferner auch der in der Orchestra aufgeführte *Chortanz* untergeordnet und zwar noch tiefer; denn er diente zunächst zur Unterstützung des Gesanges und der Mimik. Es war ein taktmässig abgemessenes Gehen oder Schreiten, welches im Anschluss an die gesammten übrigen Gebärden und an die rhythmische Bewegung des Gesanges den allgemeinen Charakter des Chores und die jeweilen durch die Handlung hervorgerufenen Stimmungen desselben ausdrückte. Zu einer selbständigen, die Bühne beherrschenden Kunst entwickelte sich der Tanz im Verein mit dem sichtbaren Theile der Mimik erst lange nach der klassischen Zeit in der *Pantomime*, welche unter Ausschluss des lauten Wortes eine Handlung nur sichtbar darstellte.

Endlich war auch das *Costüm* der Personen sowie die ganze *graphische, plastische und architektonische Ausstattung der Bühne*, wenn auch in grossem und reinem Kunststil durchgeführt, doch durchaus nicht darauf berechnet während der Aufführung des Drama's ein selbständiges Interesse für sich zu erregen und die Aufmerksamkeit von dem Hauptinhalt der Handlung abzulenken. Man bewahrte desshalb selbst in der Pracht eine angemessene Einfachheit. Namentlich war die Decorationsmalerei meist sehr allgemein und unbestimmt gehalten; ja sie scheint den Ort oder einzelne Gegenstände zum Theil nur symbolisch angedeutet zu haben, so dass sie nur selten oder nur theilweise gewechselt zu werden brauchte und zu möglichst vielen Stücken passte. So stellte namentlich in den meisten Tragœdien die Hinterwand der Bühne von Anfang bis zu Ende einen dreithürigen Königspallast oder einen Tempel dar, vor welchem die ganze Handlung von Anfang bis Ende unter freiem Himmel vor sich ging.

Kurz, das altgriechische Theater lieferte den thatsächlichen Beweis, wie der grossartigste und reichhaltigste Kunstverein seine Einheit zu bewahren und auf dem ganzen Gebiete der Kunst das beziehungsweise Höchste zu leisten vermag, wenn alle Künste gewissenhaft dem Scepter der Poësie gehorchen. Was zur Sicherung einer solchen Harmonie wesentlich beitrug, war der Umstand, dass der Dichter, wie er der Schöpfer des ganzen Drama's in allen seinen Bestandtheilen war, so auch nicht nur die poëtischen Rollen mit den Schauspielern und dem Chor einübte sondern auch Musik Tanz und scenische Ausstattung persönlich anordnete, ja bis auf Sophokles Zeit und in der Komœdie noch späterhin wo möglich die Hauptrolle selbst spielte. —

Hauptbedingung für die Herrschaft des dramatischen Dichters über die Bühne bleibt freilich immer, dass er sich durch den inneren Werth seiner Schöpfung bei den mitwirkenden Künstlern volle Anerkennung verschaffe, und demnächst dass der Schauspieler in Bezug auf Declamation und Action seine Aufgabe richtig fasse und würdig löse. Welche geringen Mittel unter dieser doppelten Voraussetzung hinsichtlich des Costüms sowie der scenischen Ausstattung hinreichen können um bei empfänglichen, mit einer frischen und lebendigen Phantasie ausgerüsteten Zuschauern eine echt dramatische Wirkung zu erzielen, das beweist wohl am schlagendsten das *Theater Shakspeare's*. Dasselbe war bekanntlich sehr einfach, ja ärmlich eingerichtet, besonders im Costüm und in der Darstellung des Ortes der Handlung. Eine graue Wand bedeutete zu seiner Zeit ein Zimmer, eine grüne freien Raum, ein Blumentopf einen Garten, ein Baumast einen Wald, zwei gekreuzte Schwerter ein Schlachtfeld. Der Name des Ortes stand geschrieben auf einer Art Wegweiser. Ein über die Kleider angezogenes Hemd war das Abzeichen eines Ritters; ein über einen Besen gespannter Weiberrock vertrat die Stelle eines Streitrosses mit herabhangender Satteldecke. Aber nur der verwöhnte Geschmack einer späteren Zeit, besonders der unsrigen, mag darüber spöttisch oder verächtlich die Achseln zucken. Wir dürfen es als höchst bedeutungsvoll bezeichnen, dass Shakspeare's Sommerschauspielhaus von einem darauf stehenden Herkules, welcher die Stelle des Atlas vertrat, die Weltkugel hiess. Es ist wohl kaum Uebertreibung, wenn W. Wackernagel (in seiner Programmschrift über die dramatische Poësie. Basel, 1838, S. 25) sagt: « Wahrscheinlich sind die grössten Dramen, die wir bis jetzt besitzen, vor jenen grauen und grünen Decken des englischen und vor der dreithürigen Hinterwand des griechischen Theaters aufgeführt worden. » « Und wahrscheinlich auch wirksamer und besser als jemals nachher, » glaube ich hinsetzen zu dürfen. Schon Lessing bemerkt in der hamburgischen Dramaturgie mit Hinweisung auf eine fast gleich lautende Stelle aus Cibbers Lives of the Poets of G. B. and Irl. (Vol. II, p. 78, 79): « Welche Stücke brauchten wegen ihrer beständigen Unterbrechung und Veränderung des Ortes des Beistandes der Scenen und der ganzen Kunst des Decorateurs wohl mehr als eben die Shakspeareschen? Gleichwohl war eine Zeit, wo die Bühnen, auf welchen sie

gespielt wurden, aus nichts bestanden als aus einem
Vorhange von schlechtem grobem Zeug, der, wenn er
aufgezogen worden war, die blossen blanken, höchstens
mit Matten oder Tapeten behangenen Wände zeigte; da
war nichts als die Einbildung, was dem Verständnisse
des Zuschauers und der Ausführung des Spielers zu Hülfe
kommen konnte, und demungeachtet, sagt man, waren
damals Shakspeare's Stücke ohne alle Scenen verständlicher, als sie es hernach mit denselben gewesen sind. »
— Sollte auch Shakspeare selbst nicht als Schauspieler
ausgezeichnet gewesen sein: schon die Regeln, welche er
seinen Hamlet den Schauspielern geben lässt, beweisen,
dass er jedenfalls ein vortrefflicher Beobachter und Kenner
der Schauspielkunst war, und dies kann nicht ohne wesentlichen Einfluss auf die Leistungen der unter seiner
Leitung stehenden Truppe gewesen sein. » Und wenn
man sonst keinen andern Beweis hätte — so urtheilt
treffend A. W. Schlegel in seiner dreizehnten Vorlesung
über die dramatische Kunst — so würde mir schon durch
die Beschaffenheit der Stücke Shakspeare's sehr wahrscheinlich werden, was schon verschiedene Engländer
geäussert haben, die Schauspieler der ersten Epoche
möchten vorzüglicher gewesen sein als die der zweiten,
wenigstens bis auf Garrick. Es fällt in die Augen, dass
die meisten Hauptrollen in Shakspeare's Dramen einen
grossen Schauspieler erfordern; der hohe und gedrängte
Stil seiner Poësie kann ohne den nachdrücklichsten und
biegsamsten Vortrag nicht verstanden werden; oft setzt
er zwischen den Reden ein schwieriges stummes Spiel
voraus, welches er gar nicht angibt. Ein Dichter, der
bloss und unmittelbar für die Bühne arbeitet, wird seine

ganze Wirkung nicht auf solche Züge berechnen, von denen er voraussieht, dass sie bei der Aufführung durch die Ungeschicklichkeit seiner Dolmetscher verloren gehen werden. Shakspeare hätte also seine dramatische Kunst geflissentlich herabstimmen müssen, wenn er nicht vortreffliche theatralische Gehülfen gehabt hätte. »
Zur Befriedigung des damaligen Publicums bedurfte es aber einer guten mimischen Aufführung um so mehr, je weniger eben Costüm und Scenerie zur Hebung des Interesses für die Darstellung der Handlung überhaupt beitrugen. Dass die damaligen Zuschauer in dieser Hinsicht keine grösseren Ansprüche machten; dass sie sich über die betreffenden Mängel und Störungen leicht hinwegsetzen konnten: darum dürfen wir sie in unserer durch scenischen Prunk verwöhnten Zeit wohl beneiden. Aber gerade je mehr wir hierzu Grund haben; je mehr unserem Publicum die zu einem solchen Verhalten erforderliche Kraft Frische der Phantasie abgeht: desto weniger kann eine Wiedereinführung der damaligen scenischen Einrichtung wünschbar erscheinen. Mag immerhin die grössere Freiheit und Kühnheit, welche der Verzicht auf eine künstlich ausgebildete Scenerie dem Dichter gestattet, als ein Vortheil zu bezeichnen sein, welcher sich namentlich bei Shakspeare selbst bewährt: so verleitet sie doch auch gar leicht zu Missbräuchen, besonders bei der dramatischen Composition, und dass solcher Missbrauch gerade bei den unmittelbaren Vorgängern Shakspeare's im Schwange gewesen ist, können wir aus einer von Lessing in seiner Geschichte der englischen Schaubühne (Ausgabe von 1794, S. 289) angeführten Mittheilung des Ritters *Philipp Sidney* erschen: « Unsere Trauerspiele und Lustspiele, sagt er

in seiner Vertheidigung der Dichtkunst, beobachten weder die Regeln des Wohlstandes noch der Dichtkunst. Die eine Seite des Theaters ist Asien und die andere Africa, und dazwischen liegen noch so viel Königreiche, dass jeder auftretende Schauspieler es sein erstes Wort muss sein lassen uns zu sagen, wer und wo er sei, weil man seine Rede sonst unmöglich würde verstehen können. Mit einemmal kommen drei Frauenzimmer, welche Blumen suchen, und wir müssen glauben, dass das Theater einen Garten vorstelle. Nebenher hören wir, dass ein Schiff auf eben demselben Platze verunglückt sei, und nun muss das Theater ein Ufer oder ein Fels sein. Gleich darauf erscheint in dem Hintertheile der Schaubühne ein entsetzliches Ungeheuer, welches Feuer speiet, und das Theater ist folglich eine Höhle. Nun kommen geschwind ein halb Dutzend Kerle mit Schwertern und Schilden, die ein Kriegsheer vorstellen, hereingelaufen, und wir werden gebeten das Theater für ein Schlachtfeld zu halten u. s. w. So gehen unsere Dichter mit dem *Orte* um. Und mit der *Zeit* sind sie noch weit freigebiger. Gewöhnlicher Weise verliebt sich ein junger Prinz in eine junge Prinzessin; nach mancherlei Unglück und Verwirrung kommt die Prinzessin in gesegnete Umstände und wird zu gehöriger Zeit von einem gesunden und wohlgestalten Knaben entbunden. Dieser wird verloren, findet sich wieder, wird gross, verliebt sich und würde vielleicht selbst wieder einen jungen Sohn sehen, wenn nicht der Vorhang zufiele u. s. w. »

Gewiss hat die mangelhafte Einrichtung der Bühne solchen poëtischen Mängeln und Verstössen ebenso sehr Vorschub geleistet und die Entwicklung der dramatischen

Poësie ebenso gehemmt, wie umgekehrt der niedrige Stand der dramatischen Poësie das Bedürfniss einer vollkommneren Bühne weniger fühlbar machte, und es gehörte eben das allgewaltige Genie eines Shakspeare dazu unter solchen Umständen das Drama zu dem Gipfel zu erheben, zu welchem noch unsere Zeit staunend emporblickt.

Ueberhaupt brauche ich wohl kaum zu bemerken, dass mit der Empfehlung einer einfachen und bescheidenen theatralischen Aufführung nicht einer *unvollkommenen oder abgeschmackten Scenerie*, noch weniger einem *rohen und unbeholfenen mimischen Dilettantismus* das Wort geredet sein soll. Auch die Einfachheit der Aufführung muss eine echt künstlerische sein, wenn sie ihren Zweck die æsthetische Wirkung der Poësie zu fördern erreichen soll. Eine aus Mangel an inneren oder äusseren Kunstmitteln auffallend unvollkommene Aufführung ist schlimmer als gar keine, und vor einer solchen verdient das stille oder laute Lesen dramatischer Gedichte entschieden den Vorzug. Denn eine Darstellung, welche für etwas gelten will, was sie nicht ist, wirkt natürlich weit störender als eine solche, welche uns von vorn herein zur Verzichtleistung auf die Mitwirkung der theatralischen Künste und zur Abwendung unserer Aufmerksamkeit von der sichtbaren Aussenwelt auffordert. Gegen das Aergerniss oder die unæsthetische Wirkung, welche die stümperhafte Aufführung eines Drama's bei dem kunstsinnigen Zuschauer hervorbringen muss, gibt es kein anderes Rettungsmittel als den Humor, welcher der Verkehrtheit und Unzulänglichkeit eine komische Seite abgewinnt. Dieser ist aber nicht jedermanns Sache, und in der unmittelbaren Wirklichkeit wird mimische Pfuscherei und theatralische

Bettelhaftigkeit nicht leicht eine so ungeheure echt æsthetische Heiterkeit erzeugen, wie die banauische Aufführung der höchst kläglichen Komœdie von dem jämmerlichen Tode des Pyramus und des Thisbe in Shakspeare's Sommernachtstraum oder in Andreas Gryphius Peter Squenz. Auch ist eine gute Tragœdie am Ende nicht dazu bestimmt belacht zu werden und Shakspeare hat den Worttext jenes von den Handwerkern zu tragirenden Stückes wohlweislich so eingerichtet, dass die abgeschmackteste Aufführung nichts an ihm verderben kann.

Es drängt sich an dieser Stelle auf, der *Verbindung hochtragischer Auftritte mit niedrig komischen* zu gedenken, wie sie nicht nur in so vielen Dramen Shakspeare's sondern auch in den meisten *geistlichen Spielen oder Misterien des Mittelalters* vorkommt. Findet nämlich diese Erscheinung im allgemeinen bereits einen ausreichenden inneren Grund in der herausfordernden Stellung der Gegensätze zu einander, so erklärt sie sich bei den geistlichen Spielen noch ganz besonders aus ihrer mangelhaften Aufführung und den Umständen, unter welchen diese stattfand. Als einmal jene aus der kirchlichen Liturgie der Charwoche und der Ostertage entsprungenen mimischen Darstellungen des Leidens und der Auferstehung Jesu nicht allein über ihren Stoff sondern auch über ihre ursprüngliche Einfachheit, in welcher sie von den Geistlichen selbst in der Kirche aufgeführt wurden, hinausgegangen waren und sich zu grossartigen und pomphaften Festlichkeiten erweitert hatten, zu deren Ausführung Laienhülfe in Anspruch genommen werden musste; und vollends als sie aus der Kirche ins Freie, auf öffentliche Plätze, meist in die Nähe von Jahrmärkten und Messen verlegt worden waren: da konnte es nicht ausbleiben, dass ausser den ernsten und erhabenen Reden und Handlungen, welche auf der sehr mangelhaft und wenig künstlerisch ausgestatteten Bretterbühne stattfanden, auf dieser selbst und um sie herum, gleichzeitig oder rasch nach einander auch lächerliche Auftritte dem Publicum vor Augen und zu Ohren kamen, welche die ursprünglich von den Urhebern und Leitern der Festfeier bezweckte religiöse Andacht stören mussten. Denn « gerade im Zusammenstoss mit der reinen Geistlichkeit, welche diese Stimmung darstellt, wird jedes kleine Ungeschick zufälliger Verwicklung mit dem Aeusseren, in das sie ja doch hineingestellt ist, doppelt fühlbar. » (Vischer, Aesthetik, B. I, S. 370.) Die ohnehin bei solchen öffentlichen Gelegenheiten ungewöhnlich rege Lachlust, welche theils durch das ungeschickte Spiel von Dilettanten theils durch die Mängel der Bühne und die nahe Berührung mit einer nichts weniger als idealen Umgebung, durch Zufälle oder durch Muthwillen fortwährend reichliche Nahrung erhielt, konnte nicht wohl anders unschädlich gemacht und vor Ausartung in Frivolität bewahrt werden als durch Umwandlung in eine echt komische Stimmung, und diese war am sichersten dadurch zu erreichen, dass man den unvermeidlichen Lachreiz absichtlich in die auszuführenden Spiele selbst verlegte, indem man die Keime der Komik entwickelte, welche der biblische Stoff oder die Tradition selbst wirklich darbot, namentlich in der Höllenfahrt Christi, in dem Leben der Maria Magdalena, in der Geldgier des Judas, in dem Einkauf der Spezereien für den Leichnam des Gekreuzigten u. dgl. mehr. Wenn daher im Spiele selbst die

Teufel in burlesker Weise um eine arme Seele geprellt werden; wenn Judas mit Kaïphas hart zusammengeräth, weil dieser ihm die 30 Silberlinge in verrufener Münze auszahlen will; wenn der Marktschreier die Marieen beim Verkauf der Salben prellt und nebenbei Weib und Knecht auszankt und prügelt; wenn Magdalena sich über die schwächlichen Gesellen lustig macht, deren sie noch manchen aufs Stroh niederzutanzen gedenkt: so liegt darin gewiss weniger die Gefahr einer gründlichen und dauernden Störung der andächtigen Grundstimmung, als wenn Jesus am Kreuz nach den Worten: « es ist vollbracht » unwillkürlich laut niest oder Pilatus' Diener aus Ungeschick über das unebene Brettergerüste stolpert und mit dem zerbrochenen Waschbecken vor den Füssen seines Herrn liegt; wenn beim Osterspiel das Seil zerreisst, an welchem Jesus gen Himmel gezogen wird, oder beim Pfingstspiel der heilige Geist als Taube gestaltet in der Oeffnung der Kirchendecke stecken bleibt, oder wenn während der rührenden Klage der Mutter Jesu unter dem Kreuze von einer nahen Bude das rohe Gezänk oder Zetergeschrei betrogener betrunkener oder geprügelter Messleute herüberdringt. Durch den Dichter des Spieles selbst von der Bühne herab befriedigt, wird die Lachlust weit weniger von aussen her gereizt werden und der Eindruck lächerlicher Vorfälle bei den durch das Spiel selbst humoristisch angeregten Zuschauern ein weit harmloserer sein. —

Besser aber ist es natürlich, wenn es eines solchen Correctivs nicht bedarf, welches jedenfalls einer schlechten Mimik und Scenerie nicht zur Empfehlung oder

Entschuldigung dienen kann. Zunächst und am allgemeinsten gehört ein derartiger Zustand der Bühne dem Kindesalter der dramatischen Poësie an. Hat diese sich erst zur vollen Blüte entwickelt, so pflegt sie die Vollendung der theatralischen Darstellungskunst rasch nach sich zu ziehen, und von diesem Zeitpunkt an ist es die gewöhnlich nur zu bald eintretende Ueberfeinerung und Verselbständigung der letzteren, welche das Gedeihen und den Fortbestand des echt poëtischen Drama's mehr gefährdet und beeinträchtigt als die anfängliche Roheit und Unzulänglichkeit.

II.

Verselbständigung und Herrschaft der anderen Künste auf der dramatischen Bühne.

1. Gefährdung des Kunstwerthes der Bühne durch Erniedrigung der dramatischen Poësie.

Indem ich die zu Ende unser letzten Vorstellung angedeutete Gefahr, welche der dramatischen Schaubühne aus der Verselbständigung der mimisch-scenischen Künste erwachse, heute näher zu erörtern beginne: wiederhole ich zur Vermeidung eines Missverständnisses zunächst zwar, was ich schon früher zugestanden habe, dass nicht ausschliesslich die Poësie auf Beherrschung der Bühne

VII.

Anspruch habe; dass vielmehr auch sie sich dem Dienste anderer Künste auf der Bühne nicht entziehen dürfe; ja dass es Kunstarten gebe, welche auch ohne mündlichen Vortrag des poëtischen Wortes sich dort geltend machen dürfen; dass namentlich der *Oper*, sogar der *Pantomime* und dem dramatischen *Ballet* eine gewisse Berechtigung als selbständige Kunstschöpfungen aufzutreten nicht abzusprechen sei. Aber ich muss es hier noch einmal mit allem Nachdruck hervorheben, dass der Poësie das erste und höchste Recht auf Beherrschung der Bühne zukommt und dass jede Uebertragung des Scepters auf eine andere Kunst als ein Herabsteigen des Theaters von dem höchsten Gipfel der künstlerischen Würde anzusehen ist. Es macht allerdings noch einen Unterschied, ob die Poësie auf ihren Thron freiwillig verzichtet oder ob sie von demselben durch irgend eine ursprünglich zu ihrem Dienste bestimmte Kunst gewaltsam verdrängt wird. Im letzteren Falle geräth das Theater gleichsam auf eine schiefe Ebene, auf welcher es fast unaufhaltsam und mit allmählich beschleunigter Geschwindigkeit zur untersten Stufe seines Werthes hinabgleitet und zuletzt sogar allen Anspruch auf den Namen einer Kunststätte einzubüssen Gefahr läuft. Und wenn auch die Entwerthung und der äusserste Verfall der Bühne durch das Hervortreten und die Herrschaft der zur ausführenden Darstellung der dramatischen Poësie bestimmten Künste nicht plötzlich und unmittelbar eintritt sondern je nach ihrer näheren oder entfernteren Stellung zur Poësie zunimmt und nach einer gewissen Rangfolge verläuft: so muss doch schon der erste Schritt nach unten als derjenige bezeichnet werden, welcher den Keim aller ferneren Entartung in sich trägt.

2. Die Mimik.

Das Herabsteigen des dramatischen Theaters vom Gipfel der Kunstwürde findet zunächst in *zwei Hauptrichtungen* statt, je nachdem die *Rede* oder der *Gesang* es ist, wodurch der poëtische Inhalt des Drama's laut wird. Ist das Lautwerden überhaupt die erste und unentbehrlichste Bedingung zur theatralischen Darstellung eines dramatischen Gedichtes, so ist hinwieder die zunächstliegende Form des Lautwerdens die gesprochene *Rede* oder die *mimische Recitation und Declamation*, mit welcher, wie wir gesehen haben, *Gesticulation* und *Action* in organischem Zusammenhang stehen. Bei ihr ist es am augenscheinlichsten, dass sie von vorn herein nur zum Dienste der Poësie bestimmt ist, dass sie also ihrem Ursprung nach unter allen theatralischen Künsten am allerwenigsten dazu berechtigt ist sich zu verselbständigen und sich über die Poësie zu erheben. Und doch droht dieser bereits durch sie eine Gefahr, welche mittelbar zu ihrer völligen Verdrängung führen kann und wirklich dazu geführt hat.

Die hohe Bedeutung der *Mimik* und das Verdienst des echten Mimen zu schmälern geziemt sich um so weniger, da unter allen Künsten die Mimik diejenige ist, welche, vereinzelte Erscheinungen ausgenommen, verhältnissmässig den geringsten persönlichen Dank und Lohn einzubringen pflegt. Sogar der rauschendste und grossartigste Beifall schwindet fast zugleich mit der flüchtigen Kunstleistung selbst, und diese lässt nur in der Erinnerung und selten auf längere Zeit deutliche Spuren ihres einstigen Daseins zurück.

« Dem Mimen flicht die Nachwelt keine Kränze. »

Ich erkenne die Mimik, wie sie unter allen das poëtische Drama darstellenden Künsten die unentbehrlichste ist, zugleich als die schwierigste unter ihnen an. Wenn *Hegel* (Aesthetik, Th. III. S. 519.) sagt: « Der Schauspieler soll gleichsam das Instrument sein, auf welchem der Autor spielt, ein Schwamm, der alle Farben aufnimmt und unverändert wiedergibt »: so dürfen wir hiermit gewisslich nicht die volle und höchste Aufgabe der Mimik angegeben finden. Auch hat Hegel selbst es offenbar nicht so gemeint, und mit diesen Worten nur die eine Seite der Sache zu bezeichnen gedacht; sonst hätte er nicht bald darauf (S. 521) die Mimik eine wirkliche Kunst nennen können und zwar eine Kunst, welche viel Talent Verstand Ausdauer Fleiss Uebung Kenntniss, ja auf ihrem Gipfelpunkt selbst einen reichgegabten Genius fordere. « Denn der Schauspieler — so fährt er fort — muss nicht nur in den Geist des Dichters und der Rolle tief eindringen, und seine eigene Individualität im Innern und Aeusseren demselben ganz angemessen machen, sondern er soll auch mit eigener Productivität in vielen Punkten ergänzen, Lücken ausfüllen, Uebergänge finden und uns überhaupt durch sein Spiel den Dichter erklären, insofern er alle geheimen Intentionen und tiefer liegenden Meisterzüge desselben zu lebendiger Gegenwart sichtbar herausführt und fassbar macht. » — In ähnlichem Sinne spricht sich schon *Lessing* in der Ankündigung der hamburgischen Dramaturgie aus: « Die Gaben der Natur sind weder die einzigen noch höchsten Vollkommenheiten des Schauspielers. Er muss überall *mit dem Dichter denken;* er muss da, wo dem Dichter etwas menschliches widerfahren ist, *für ihn denken.*»

Im vollen Einverständniss mit diesen Worten dürfen wir dem Schauspieler nicht bloss eine reproductive sondern auch eine gewisse productive Kunstthätigkeit zugestehen, ja zumuthen. Aber diese letztere darf sich nicht zu einer unbedingten Selbständigkeit erheben sondern sich immer nur innerhalb gewisser vom Dichter selbst gezogener Schranken bewegen. Der Schauspieler soll durch seine Declamation seine Mienen und seine Gebärden der Handlung, welche durch das poëtische Wort nur mehr oder minder allgemein und abstract ausgedrückt und zuweilen nur angedeutet werden kann, die volle individuelle Bestimmtheit und Lebendigkeit verleihen und insofern uns allerdings mehr geben als der Dichter. Aber dieses Hinzuthun darf eben, vorausgesetzt dass dem Dichter nicht «etwas menschliches widerfahren ist,» nichts anderes sein als ein künstlerisch gemässigtes Weitergehen auf dem von dem Dichter betretenen oder vorgeschriebenen Wege, eine Ausbildung des vom Dichter Vorgebildeten, eine Schattirung und Farbengebung für die vom Dichter gezeichneten Umrisse, kein Hinausfahren über diese, keine willkürliche Ablösung von dem poëtischen Zwecke. So viel auch der Dichter dem Schauspieler, wenn dieser seine Aufgabe als Meister löst, zu verdanken hat: so wenig darf der Schauspieler sich seiner Dienste und Verdienste überheben; er soll vielmehr sein Verdienst nur in dem Dienste finden, welchen er der Poësie leistet. Diese Bescheidenheit ziemt ihm um so mehr, da seine Kunst, um mich des Vischer'schen Kunstausdruckes zu bedienen, nicht wie die Poësie eine reine sondern eine *anhängende* und wegen ihres Materials, d. h. der lebendigen Person des Darstellers, mehr als irgend eine andere « den Störungen Zufällen Unangemessenheiten des Naturschönen ausgesetzt ist. » Die Umkehrung des bezeichneten wahren Verhältnisses, das Bestreben des Schauspielers die Aufmerksamkeit und Theilnahme der Zuschauer vom Inhalt der Handlung auf die Darstellung, auf seine persönliche Leistung abzulenken, von dem Beifall, welchen das Drama von der Bühne herab erwirkt, den Löwenantheil sich selbst zuzuwenden ist eine Anmassung, welche nur auf Kosten des æsthetischen Werthes und Genusses befriedigt werden kann. Und wäre es der Dichter in eigener Person, welcher als mimischer Darsteller seiner dramatischen Schöpfung auf ein solches Ziel losginge: so müssten wir ihn für einen eitlen Thoren halten, weil er dem gediegneren Ruhme der Genialität den Schimmer der Virtuosität vorzöge. Das Merkmal künstlerischer Vollkommenheit ist immer die innigste Einheit von Erscheinungsform und Inhalt, das Uebergewicht jener über diesen Symptom des Verfalls. Selbst in dem günstigsten Falle, dass der Schauspieler den Dichter wirklich versteht und sich von Haus aus ernstlich bemüht dessen Absichten möglichst vollkommen zu verwirklichen, wird die Begierde sein Verdienst über das des Dichters zu erheben und den Kranz, welcher diesem gebührt, sich selbst auf's Haupt zu drücken ihn leicht zur Verletzung eines Hauptgebotes seiner Kunst, des Gebotes der *Mässigung* verleiten; er wird seine Darstellung überladen und die Ueberladung wird ihn bald weiter fortreissen zur Verkehrtheit, zum Widerspruch mit dem dichterischen Zwecke. Seinen nächsten persönlichen Zweck kann und wird er unter Umständen

allerdings erreichen; vor dem Richterstuhle der echten
Kunst aber kann er nicht bestehen. Die Versuchung zu
ungebührlicher Verselbständigung seiner Kunst gegenüber
der Poësie, zum Haschen nach dem augenblicklichen Beifall des Publicums und zu der hieraus zunächst hervorgehenden Uebertreibung liegt freilich gerade dem Schauspieler um so näher, je mehr er auf nachhaltige Anerkennung seiner Leistungen verzichten muss, und er wird
ihr um so eher erliegen, je leichter ihm bei einer minder
kunstsinnigen und kunstverständigen Mehrheit der Zuschauer der gewünschte Erfolg zutheil wird. Aber gerade deshalb darf und soll die öffentliche Kritik, während
ihr im Uebrigen gegen den Schauspieler die zarteste
Schonung zur Pflicht zu machen ist, gegen jene mimische
Kardinalsünde sowie gegen diejenige Zuschauerschaft,
welche sich durch unverständige Beifallspende derselben
mitschuldig macht, um so unerbittlicher eifern, wenn
ihr auch das Uebel mit der Wurzel auszurotten ebenso
wenig gelingen wird wie dem wackeren *Lessing*, dessen
Beschreibung auch heute noch nur zu sehr zutrifft. « Die
Gallerie — so sagt er in Nr. 5 seiner Dramaturgie —
ist freilich ein grosser Liebhaber des Lärmenden und
Tobenden, und selten wird sie ermangeln eine gute Lunge
mit lauten Händen zu erwidern. Auch das deutsche Parterre ist noch ziemlich von diesem Geschmack, und es
gibt Acteurs, die schlau genug von diesem Geschmack
Vortheil zu ziehen wissen. Der Schläfrigste rafft sich
gegen das Ende der Scene, wenn er abgehen soll, zusammen, erhebt auf einmal die Stimme und überladet
die Action ohne zu überlegen, ob der Sinn seiner Rede
diese höhere Anstrengung auch erfordere. Nicht selten

widerspricht sie sogar der Verfassung, mit der er abgehen soll; aber was thut das ihm? Genug, dass er das Parterre dadurch erinnert hat aufmerksam auf ihn zu sein und, wenn es die Güte haben will, ihm nachzuklatschen. Nachzischen sollte es ihm! Doch leider ist es theils nicht Kenner genug theils zu gutherzig und nimmt die Begierde ihm gefallen zu wollen für die That. -

Eine der bedenklichsten Folgen der eitlen mimischen Selbstüberhebung ist ferner die fast unausbleibliche *Zerstörung der Einheit in der Darstellung*, des richtigen Verhältnisses der verschiedenen Rollen zu einander und zu dem Ganzen der Handlung, ein Fehler, welchem in Athen sogar von Staatswegen vorgebeugt wurde, sofern für die Zulassung zu den dritten zweiten und ersten Rollen besondere Prüfungen stattfanden und Tritagonist und Deuteragonist sich in der Verwendung ihrer Stimmmittel strenge dem Protagonisten unterzuordnen hatten. Die betreffenden Vorschriften waren gewiss nichts weniger als überflüssig. Hat einmal das ebenso erklärliche als anmassliche Streben das Hauptinteresse von dem poëtischen Gehalt auf die mimische Darstellung hinüberzuziehen Wurzel gefasst, so ist nichts natürlicher, als dass der einzelne Schauspieler, indem er von dem Beifall der Zuschauer ein möglichst grosses Theil sich selbst zuzueignen und zu diesem Behuf seine besondere Rolle möglichst in den Vordergrund zu drängen und zu verselbständigen sucht, die Rücksicht auf die Gesammtdarstellung vernachlässigt und die Pflicht sein persönliches Sonderinteresse dem sachlichen Gesammtinteresse unterzuordnen, sein Verhalten ganz der poëtischen Grundidee anzupassen aus den Augen lässt. Alsdann ist es auch gar nicht zu verwundern, wenn er geradezu dem Dichter die Zumuthung macht, er solle ihm, wie man zu sagen pflegt, die Rolle auf den Leib schneiden, d. h. vor allem ihm Gelegenheit geben auf eine möglichst glänzende Weise seine besondere Virtuosität an den Tag zu legen. Dass der dramatische Dichter allerdings auf den Schauspieler Rücksicht zu nehmen hat, ist früher schon ausdrücklich von uns bemerkt worden: er soll nie vergessen, was überhaupt die Mimik zu leisten vermag und unter welchen Bedingungen allein sein Gedicht von der Bühne herab echt dramatisch wirken kann; ja wir können ihn nicht darum verdenken, wenn er ausdrücklich darauf achtet, über welche mimischen Kräfte er in Wirklichkeit zu verfügen hat, und sich durch die Eigenthümlichkeit des Talentes bestimmter Schauspieler zur Schöpfung entsprechender Rollen bestimmen lässt, so weit dies mit Wahrung der poëtischen Freiheit und unbeschadet seiner dramatischen Idee geschehen kann. Das Drama kann hierdurch sogar an poëtischem Werthe gewinnen, so gut wie durch irgend eine andere stoffliche Anregung, welche uns Angesichts des fertigen Kunstwerkes nichts mehr angeht. Sofern aber der Dichter jener Zumuthung des Mimen in dem Sinne zu willfahren sucht, dass er in erster Linie darauf ausgeht sogenannte dankbare Rollen zu schreiben, wird er fast unvermeidlich zum Verräther an seiner eigenen Kunst. Wendet er seine übertriebene Gefälligkeit einer einzigen Hauptrolle zu, so läuft er Gefahr Licht und Schatten zu ungleich zu vertheilen und das Interesse an der ganzen Handlung durch eine grössere oder geringere Anzahl gleichgültiger oder unbedeutender Bestandtheile zu unterbrechen und abzuschwächen; sucht er dem Verlangen der Schauspieler in grösserer Ausdehnung zu entsprechen und möglichst viele oder gar lauter dankbare Rollen zu schaffen, so wird er statt eines einheitlichen und lebendigen Organismus, dessen Glieder sich je nach ihrem näheren oder ferneren Zusammenhang mit dem Grundgedanken als der seelischen Urkraft des ganzen Gedichtes einander unterordnen und sich einfügen, gewöhnlich nur ein unorganisches Aggregat, ein buntes Mosaik zustandebringen.

Wie wenig sich das wahre Interesse der dramatischen Poësie mit dem Interesse des nach Selbständigkeit und Vorrang strebenden Mimen verträgt, davon zeugt schon die Thatsache, dass dieser häufig gerade nach unbedeutenden oder mittelmässigen Stücken greift und dabei in der Regel wirklich besser seine Rechnung findet als in der Aufführung dramatischer Meisterwerke. Natürlich; je unbedeutender der Nebenbuhler, desto leichter ist er in den Schatten gestellt. —

In dieser Vorliebe zu Dramen von geringem poëtischen Werthe, namentlich zu solchen, in welchen die Innenseite der Handlung nur dürftig ausgeführt ist, kündigt sich übrigens noch ein weiteres Hinausstreben der Mimik über die Schranke ihrer ursprünglichen Bestimmung an: das Verlangen den Dichter nicht nur von seinem Ehrenplatze zu verdrängen sondern theilweise oder ganz die Ausübung des Dichterberufes selbst zu übernehmen. Dass Dichter und Schauspieler sich in einer und derselben Person verbunden finden, ist freilich nicht ohne weiteres zu beklagen; wir haben vielmehr früher auf den Vortheil hingewiesen, welcher dem dramatischen Theater aus der unmittelbaren persönlichen Theilnahme des Dichters an der Aufführung seiner Stücke erwächst. Hier aber haben wir es nicht mit dem Dichter zu thun, welcher zugleich Schauspieler ist, auch nicht mit dem Dramaturgen, welcher die Vermittlung des Gedichtes mit der Bühne übernimmt und es zur Sicherung oder Erhöhung der theatralischen Wirkung aus- oder umgestaltet, sondern mit dem Schauspieler, welcher zugleich die Rolle des Dichters spielen, statt seiner die eigentliche Schöpfung oder Umgestaltung des Gedichtes oder doch wenigstens der von ihm darzustellenden Rolle übernehmen will. Auch die letztere Doppelfunction können wir uns noch gefallen lassen, wenn die poëtisch schaffende oder umschaffende Thätigkeit sich auf einzelne Stellen beschränkt, an welchen « dem Dichter etwas menschliches widerfahren ist », und wenn er dabei wirklich poëtischen Geist und Geschick bewährt. Jedenfalls aber sollte dies nie ohne Uebereinkunft mit dem Dichter, dem Dramaturgen oder dem Regisseur geschehen. Denn der feste und gedrungene Bau eines echten Drama's verträgt keine Einschaltung Auslassung oder Aenderung einzelner Theile ohne die strengste Rücksicht auf das Ganze; dieser Rücksicht aber entschlägt sich der einzelne Schauspieler, welchem es vor allem darum zu thun ist seine Rolle vor den anderen möglichst zur Geltung zu bringen, und so wird seine einseitige und willkürliche Einmischung in die Thätigkeit des Dichters den Fluss und die Harmonie der Handlung nicht minder stören als die sich anmasslich hervordrängende Darstellung. Eine solche Einmischung dürfte, selbst wenn sie vorher überlegt und beschlossen ist, im allgemeinen nicht weniger gefährlich sein, als wenn erst der Augenblick der Darstellung sie gebiert; ja die *Improvisation* hat wenigstens den Vorzug der grösseren Lebendigkeit, welche jeder unmittelbar sich hervordrängenden Aeusserung eigen ist, wenn sie auch anderseits um so gewöhnlicher den Charakter unkünstlerischen Naturalisirens an sich trägt und schon deshalb aus dem Drama, welches die grösste Umsicht verlangt, jedenfalls aus dem ernsten Drama, zu verbannen ist.

Minder bedenklich könnte, von Seiten der Einheit wenigstens, die *Theilnahme der Schauspieler an der Erzeugung des dramatischen Inhaltes* erscheinen, wenn sie ganz *allgemein* und im Einverständniss der einzelnen Schauspieler unter einander und mit dem Dichter stattfindet, d. h. wenn dieser nur ganz im allgemeinen den Gang der Handlung und die Charaktere der einzelnen Personen vorzeichnet die Ausführung aber einer Gesammtheit von Schauspielern überträgt, welche es sich zur höchsten Aufgabe und unverbrüchlichen Pflicht machen zur Erzeugung und Darstellung einer einheitlichen Handlung zusammenzuwirken. Ein solches Verfahren hat offenbar einen grossen Reiz einerseits für die Schauspieler selbst wegen der Gelegenheit sich freier zu bewegen und ihren Geist wetteifernd zu bethätigen, ja selbst wegen der damit verbundenen Schwierigkeiten, deren Ueberwindung auf dankbare Anerkennung rechnen darf, anderseits, wie schon gesagt, für die Zuschauer wegen der Frische und Lebendigkeit, welche die Ursprünglichkeit und unmittelbare Einheit der Erzeugung und Darstellung ihm verleihen muss. Auch hat es sich, zunächst und vorzugsweise bei den Italienern, zu einer eigenen Kunstform, der sogenannten **commedia dell' arte** oder **a suggetto** ausgebildet, welche später, wenn auch mit weniger glücklichem Erfolg, in Frankreich unter dem Namen comédie de l'art oder à sujet, auch comédie à canevas, sowie auch in Deutschland und England Eingang gefunden hat. Besonderen Vorschub leistete dieser Schauspielart bei den Italienern das ungemeine, zu bewunderungswürdiger Fertigkeit ausgebildete nationale Talent interessante und besonders komische Auftritte des wirklichen Lebens aus dem Stegreif mimisch darzustellen, ein Talent, welches schon bei den alten Römern in den volksthümlichen Fescenninen und Atellanen und den zu dramatischen Zwischen- oder Nachspielen (Exodieen) verwendeten ältesten Satiren (saturæ) hervorgetreten ist. Hierzu kam noch die mit der ebenfalls volksthümlichen Lust an Vermummungen und mimischen Caricaturen zusammenhangenden *Masken*, welche unter bestimmten Namen, wie Pantaleone, Dottore, Arlechino, Pierrot, Pulcinello, Capitano, Colombina und Duenna, ein für allemal feststehende Charaktere in ebenso fester Kleidung und Haltung darstellten. Der italienische Schauspieler mochte sich bei seiner natürlichen Lebhaftigkeit und Ungeduld von jeher nicht gerne dazu verstehen fertige dramatische Rollen auswendig zu lernen; bei der commedia dell' arte genügte es ihm, unmittelbar vor der Darstellung durch einen an die Bühnenwand angehefteten Zettel den Grundgedanken, den allgemeinen Charakter seiner Rolle und die Folge der ganz dürftig skizzirten Auftritte zu erfahren. Alles weitere war dann seine Sache. « Deshalb — sagt gegen das Ende des siebzehnten Jahrhunders Gherardi in seinem italienischen Theater — deshalb ist es so schwer einen guten italienischen Schauspieler zu ersetzen. Wer von einem solchen spricht, meint damit einen gründlichen Mann, der mehr Einbildungskraft als Gedächtniss besitzt; der denjenigen, welcher sich mit ihm auf der Bühne befindet, secundirt, d. h. der so gut seine Worte und Handlungen nach denen der Kameraden zu bilden versteht, dass er auf der Stelle in das Spiel und in die Bewegungen des anderen auf solche Weise eingeht, dass alle wie im wohlverabredeten Einklang erscheinen, » — In der That, wenn alle diese Bedingungen sich erfüllen, wie dies denn wirklich der um die Mitte des vorigen Jahrhunderts in Venedig spielenden Truppe des vortrefflichen Komikers Sacchi von Gozzi, welcher lange Zeit mit ihr im innigsten Verkehr stand, nachgerühmt wird: so dürfen wir unbedingt dem Ausspruch dieses Dichters beistimmen: « diese Gattung scheint mir, gut ausgeführt, die angenehmste und unschuldigste Ergötzlichkeit zu sein. » — Aber derselbe fügt auch sogleich hinzu: « schlecht ausgeführt ist sie unerträglich. »

Und wie wenig kann bei den soeben bezeichneten ausserordentlichen Schwierigkeiten, für die Dauer wenigstens, auf eine gute Ausführung gerechnet, wie die übelste Ausartung dieser dramatischen Spielart verhütet werden! Die Improvisation wird nie ihren naturalistischen Charakter ganz verleugnen und jedenfalls im Drama nie den Gipfel künstlerischer Vollendung erreichen. Um so näher liegt ihr dagegen die Gefahr der Entartung in Stümperei und Roheit. Und sollten auch durch ein ganz besonders günstiges Zusammentreffen alle *künstlerischen* Mittel reichlich vorhanden sein, so wird es vielleicht noch schwieriger und seltener sein den *sittlichen* Erfordernissen eines langen Bestandes zu genügen. Der rein sachliche Wetteifer wird nur zu leicht und zu bald in eine gehässige persönliche

Nebenbuhlerei ausarten und das einige Zusammenwirken unmöglich machen. Auch ist selbst die treffliche Gesellschaft Sacchi's, welcher Gozzi neben dem Ruhme der komischen Meisterschaft zugleich das Lob des sittlichen Anstandes zuerkennt, dieser Gefahr erlegen. Innere Zwistigkeiten raubten ihr zum Theil ihre besten Mitglieder, und so konnte es um so weniger ausbleiben, dass die commedia dell' arte bald ihrer Nebenbuhlerin, der kunstgerecht nach dem Muster des Plautus und Terentius sowie des Molière gebildeten commedia erudita Goldoni's das Feld räumen musste, wie denn auch Gozzi selbst die bisherige Richtung verliess. — Auch hat sich das Stegreifdrama nie über die niedere Komik erheben können und sich fast überall mit dem dieser Kunstform so gern sich anhängenden sittlichen Schmutz geschändet. Aus diesem Grunde mussten z. B. die vor wenigen Jahrzehnten (1838) in London auftauchenden Pfennigtheater, welche noch einmal mit improvisirten Burlesken bei einem Eintrittsgelde von 2 Sous ihr Glück versuchten, sehr bald wieder geschlossen werden. « Ueberall, wo ein solches Theater existirt — so berichtete damals der edle Emmanuel von Fellenberg in den pædagogischen Blättern von Hofwyl (Heft I, S. 62) — ist es eine Geissel für die Nachbarschaft; es zieht alle Kinder der Armen an sich um sie zu Zeugen der unsittlichsten und schändlichsten Scenen zu machen, und haben dieselben sich einmal gewöhnt diese schmutzigen Schauspiele zu besuchen, schnell sind sie fortgerissen zum Diebstahl, zur Prostitution, zu allen denkbaren Verbrechen. »

So hat also das Theater auch von einer gemeinsamen und planmässigen Uebernahme der dichterischen Thätigkeit durch die Schauspieler im ganzen weit mehr Schaden als Gewinn zu erwarten. Das diesem Uebergriffe zu Grunde liegende Verlangen die Herrschaft des dramatischen Dichters abzuschütteln und das theatralische Scepter selbst zu führen reisst aber, einmal geweckt und eingewurzelt, den darstellenden Künstler leicht noch weiter fort bis zur völligen Verdrängung des Dichterwortes von der Bühne.

3. Die Pantomime.

Geht erst der Schauspieler entschieden darauf aus, der ausführenden Darstellung das Uebergewicht über den poëtischen Inhalt des Drama's zu erzwingen, so wird er auch alle ihm hierfür zu Gebote stehenden Mittel vollständig und möglichst nachdrücklich zur Anwendung bringen und sich nicht allein oder zumeist auf den hörbaren Vortrag des poëtischen Wortes stützen und verlassen sondern auch ein ganz besonderes Gewicht auf die *sichtbare Darstellung*, auf die *mimische Action* legen und, von seinem Standpunkt aus ganz folgerichtig, dem gröberen und für seinen Zweck wirksameren Reizmittel das Uebergewicht über das feinere und geistigere zu verschaffen bemüht sein. Dies führt zunächst zu ähnlichen Uebertreibungen und Verkehrtheiten, wie wir sie bereits bei der Declamation gerügt haben. Als bei den alten Griechen und Römern das mimische Gebärdenspiel sich zu einer gewissen Virtuosität ausgebildet hatte, so dass den in dieser Hinsicht bescheidenen Ansprüchen des Publicums nicht leicht mehr von derselben Person, welcher die Declamation zufiel, genügt werden konnte: da verfiel man sogar auf die bei den Alten nur aus dem gänzlichen Verzicht auf die Illusion erklärlichen, für uns kaum begreifliche Abgeschmacktheit die hörbare und die sichtbare Darstellung derselben Rolle auf zwei verschiedene Personen zu vertheilen, so dass die eine die Declamation oder den Gesang der anderen mit entsprechender Action begleitete, ähnlich wie der römische Schauspieler Roscius den Vortrag der rednerischen Perioden seines Freundes Cicero mit seinen Gesten unterstützt haben soll und zu Plinius' Zeit sogar Dichter ihre Schöpfungen durch Andere vortragen liessen, während sie selbst sie mit Gemurmel, Mienenspiel und Gesticulationen begleiteten.

Von hier aus aber war nur noch ein Schritt zu dem Versuch eine dramatische Handlung mit gänzlicher Unterdrückung des gesprochenen Wortes durch Blick und Miene Stellung und Gebärde lediglich für das Auge darzustellen. So rief die Verselbständigung der zur theatralischen Aufführung des poëtischen Drama's zunächst in Anspruch genommenen Kunst und die damit zusammenhangende Veräusserlichung der darzustellenden Handlung in Rom zu Anfang der Kaiserzeit eine eigene Art von Drama, welche den Inhalt einer Handlung durch sprachlose Gebärden darzustellen sucht, die *Pantomime*, hervor, auf deren Ausbildung von griechischen Künstlern die grösste Sorgfalt und Anstrengung verwendet wurde und welche das bereits abgeschwächte Interesse an dem echten poëtischen Drama bald vollends ertödtete.

VIII. Die *Pantomimik* ist, Dank dem in der menschlichen Natur so tief wurzelnden Nachahmungstriebe, gewiss eine der ältesten Künste. Ganz bestimmte Spuren derselben finden wir schon sehr frühe bei den verschiedenen Culturvölkern der alten Welt. Dahin gehören, ausser den bei den Leichenbegängnissen der Aegyptier, der Griechen und der Römer üblichen nachahmenden Darstellungen der wichtigsten Thaten aus dem Leben der Verstorbenen, bei den Griechen namentlich die schon lange vor der Ausbildung der dramatischen Poësie zu Ehren des Apollon aufgeführten mit Gesang verbundenen Chorreigen, die sogenannten *Hyporchemen*, welche den Inhalt des Festliedes, die gefeierten Thaten und Leiden des Gottes und die damit verbundenen Stimmungen, durch körperliche Bewegungen und Stellungen unmittelbar nachahmend oder symbolisch veranschaulichten. Anfänglich waren ohne Zweifel, ebenso wie bei den sich um den Opferaltar des Dionysos bewegenden dithyrambischen Festchören, die Sänger zugleich die Tänzer; dann aber wurden Gesang und Tanz unter verschiedene Chöre und Personen vertheilt und somit der letztere rein pantomimisch.

Wir haben es aber hier nicht mit diesen an den religiösen Cultus gebundenen älteren Gebräuchen zu thun, welche höchstens als *Vorläufer* des poëtischen Drama's und als unvollkommene Ansätze zur mimischen Darstellung von Handlungen gelten können, sondern mit der zuerst zu Rom in den ersten Jahrzehnten des Kaiserthums aufgetauchten Pantomime, welche wir als *Nachläufer* oder Ausläufer des nach der Mitte des dritten Jahrhunderts vor unserer Zeitrechnung dorthin verpflanzten griechischen Drama's anzusehen haben.

Mögen wir auch dieser Kunst, wenn sie ihre Aufgabe bescheiden einschränkt, eine gewisse Berechtigung zugestehen: mit derjenigen dramatischen Aufführung, deren schaffende und lenkende Seele die durch das Wort zu unseren Ohren dringende Dichtung ist, kann sie keine Werthvergleichung aushalten; sie erscheint vielmehr als eine bedauerliche Entartung der dramatischen Kunst. Wir finden bei verschiedenen Schriftstellern des griechischen und römischen Alterthums allerdings gewisse Stellen, welche die Behauptung zu rechtfertigen scheinen, die damaligen Pantomimen haben die Kunst des stummen *Mienen-* und *Gebärdenspiels* zu einer solchen Vollkommenheit ausgebildet, dass sie den Inhalt grossartiger und bedeutungsvoller Handlungen ebenso vollständig und deutlich auszudrücken vermochten wie irgend ein Meisterwerk epischer und dramatischer Poësie. Und dies muss uns um so ausserordentlicher erscheinen, da die Darstellung nicht einmal mit vertheilten Rollen stattfand sondern ein und derselbe Pantomime in allen, auch den verschiedensten Rollen desselben Stückes, z. B. als Atreus Thyestes Aegisthos oder Aërope, oder als Bakchos Kadmos Pentheus und Agaue auftrat und noch dazu das gleichzeitige Verhalten anderer Personen des Drama's zu ihm darzustellen hatte (Lukianos περὶ ὀρχήσεως § 67). Wir begreifen das Staunen eines gewissen Nichtgriechen, welcher auf die Bemerkung, dass derselbe Pantomime allein nach einander alle fünf Rollen eines Drama's in verschiedenen Masken spielen werde, zu diesem sagte: « das wusste ich nicht, dass du in deinem einen Körper so viele Seelen hast. » (Luk. § 66.) Aber der Glaube an ein solches Wunder muss schwinden, wenn wir die betreffenden Zeugnisse bei Lichte betrachten und mit anderweitigen Berichten derselben und anderer Schriftsteller in Verbindung bringen.

Zuvorderst dürfen wir wohl der Vergötterung bestimmter pantomimischer Künstler und Künstlerinnen durch griechische Epigrammatiker sowie durch einen Ovid und Martial keine grössere Bedeutung beilegen als den Huldigungen, welche verzückte Liebhaber noch heutzutage berühmten Sängerinnen und Tänzerinnen in überschwenglichen Sonnettenkränzen spenden. Und wenn wir auch einen Aristoteles und Lukianos als bessere Gewährsmänner anerkennen und zugestehen, die Alten haben es bei ihrer grösseren sinnlichen Lebendigkeit und ihrem hervorragenden Sinn für die Plastik in der Gebärdensprache weiter gebracht als wir: so wird doch unsere Verwunderung über ihre gepriesenen Leistungen in dieser Kunst gar sehr abnehmen, wenn wir beachten, dass nach den vorhandenen Berichten die Pantomimen nicht neue Erfindungen darstellten sondern aus dem Mythus, der Heldensage und der Geschichte — bei den Römern zur ersten Kaiserzeit vom Anfang der Welt bis auf den Tod der Kleopatra — solche Stoffe auswählten, welche allgemein bekannt waren oder vor der Aufführung den Zuschauern noch ganz besonders zur Kenntniss gebracht wurden, und dass obendrein der Text der Handlung gleichzeitig mit der sichtbaren Darstellung der Pantomimen von einem besonderen Chore gesungen wurde, welcher ursprünglich zugleich den Tanz ausgeführt hatte. (Luk. § 30.) So unterstützt konnte die stumme Darstellung einer Handlung allerdings einen hohen Grad von Verständlichkeit erhalten; der Pantomime hatte weit leichteres Spiel und vielleicht mehr Dank als Verdienst. Es konnte den Anschein gewinnen, als habe *er* durch seine Kunst bestimmte Gedanken und Gedankenreihen dargestellt,

welche im Grunde bereits die vorgängige Kenntniss des
Inhaltes der Handlung oder der begleitende Gesang dem
Zuschauer zum Bewusstsein gebracht hatte. Auf diese
Weise erklärt sich am Ende der von Lukianos uns berichtete Ausruf des Kynikers Demetrios: « Mensch, ich
höre, was du thust; ich sehe es nicht nur; du scheinst
mir mit den blossen Händen zu sprechen. » (Luk. § 62.)
Auch mag es wahr sein, was derselbe Schriftsteller erzählt, ein pontischer Fürst habe sich beim Kaiser Nero
einen Pantomimen als Geschenk ausgebeten um sich seiner
als Dolmetschers zu bedienen, und für manche Fälle des
praktischen Lebens dürfte ihm dieser wirklich ausgereicht
haben.

Aber gerade die Thatsache, dass selbst auf dem Gipfel
ihrer Ausbildung die griechisch-römische Pantomime die
Bekanntschaft mit dem darzustellenden Inhalt vorauszusetzen oder durch gleichzeitigen Gesang zu vermitteln
nöthig fand, dient zur plausibelsten Widerlegung der Behauptung, dass die blosse Gebärdensprache eine dramatische Handlung ebenso vollständig und verständlich darzustellen vermöge als das Wort des Dichters. Mit demselben Rechte könnten wir sonst auch behaupten, die
Instrumentalmusik sei im Stande, die Personen, die Ursachen, den äusseren Verlauf und die Folgen einer Handlung darzustellen und als Beweis dafür « die Schlacht bei
Leipzig oder die Befreiung Deutschland's, ein charakteristisches Tongemälde für das Pianoforte (bei B. Schoch
in Mainz) » geltend machen, welches auf dem Titelblatt
in Kupfer gestochen den Tod Poniatowski's und zwischen
den Notenzeilen unter anderem folgenden Worttext enthält: « die verbündeten kais: Oesterreich: kaiser: Russ:

kön: Preuss: und kron: Schwedischen Heere rücken nach früheren siegreichen Gefechten von allen Seiten in der Richtung gegen Leipzig vor. — — — Die französische Armee unter Napoleon wird von der grossen Oesterreichisch-Russisch-Preussischen Hauptarmee unter Commando S. D. des k. k. Feldmarschalls Fürsten von Schwarzenberg auf allen Punkten zugleich angegriffen. Die schlesische Armee unter dem Commando des Feldmarschalls von Blücher dringt ebenfalls gegen Leipzig vor. — — Mehrere sächsische und andere deutsche Regimenter gehen zu den Verbündeten über. — — Kaiser Napoleon entflieht mit einem Theil seiner Garden auf einem Nebenwege. Fürst Poniatowski — — — Doch genug des Unsinns, welchen aufzufrischen ich kaum versucht gewesen wäre, wenn er nicht in gewissen Programmen zu berühmten Opernouvertüren der Gegenwart und der Zukunft immer noch Nachahmung fände.

Die Unzulänglichkeit der rein pantomimischen Darstellung eines Drama's im Vergleich mit der mimischen liegt am Tage. Was das Gebärdenspiel für sich allein von der Innenseite der Handlung mit einem gewissen Scheine der Unmittelbarkeit durch sich selbst zum vollen und lebendigen Ausdruck zu bringen vermag, sind nur Stimmungen und Bewegungen des Gemüthes; Leidenschaften und Triebe in ihrer gegenstandslosen Unbestimmtheit, und wenn auch unter Mitwirkung derjenigen scenischen Künste und Mittel, welche nicht zur organischen Thätigkeit des Pantomimen gehören, die äusseren Gegenstände und Vorgänge, welche das Gemüth der handelnden Personen in Bewegung setzen oder auf welche die That gerichtet ist: mit in den Kreis der Darstellung hineingezogen werden: so bleibt doch der eigentliche Kern der Handlung uneuthüllt. Die begrifflich gegliederten und zu einander in bestimmte Verhältnisse tretenden Gedanken vermag nur der Dichter vermittelst der Wortsprache in ihrer vollen Bestimmtheit und in ihrer stetigen Entwicklung durch alle Momente ihres Verlaufes hindurch auszudrücken; die Gebärdensprache kann sie, ähnlich der Musik, nur mittelbar anregen, nur ganz unbestimmt andeuten und ahnen lassen. Und selbst für die Darstellung von Gefühlen und Trieben und vollends von äusseren Gegenständen und Vorgängen, welche nicht sichtbar gegenwärtig sind, muss sie häufig Symbole oder an sich gleichgültige Zeichen zu Hülfe nehmen, welche dem konventionellen Gebrauch entnommen sind und ohne vorgängige Kenntniss desselben wenig oder gar nicht verständlich sein würden.

Bei dieser Mangelhaftigkeit und künstlerischen Unvollkommenheit ihrer eigenen Mittel wird die Pantomime sich als selbständige Kunst verhältnissmässig noch am sichersten geltend machen können, wenn sie sich auf die Darstellung möglichst einfacher und geringfügiger Handlungen beschränkt; greift sie zu grossartigern reichhaltigern und geistig bedeutsamen Stoffen, deren Bewältigung die volle Kraft der dramatischen Dichtkunst herausfordert: so muss sie nicht nur in der besprochenen Weise Hülfe von aussen entlehnen sondern verfällt auch bei dem Abmühen ihre eigenen Mittel möglichst zu verstärken in Uebertreibungen und Künsteleien, welche sie des Scheines der Naturwahrheit vollends berauben, die Charakteristik zur Caricatur verkehren und damit die Gesetze der formalen Schönheit schonungslos opfern. Ein berühmter Pantomime — so wird uns erzählt — liess sich einst in der Rolle des rasenden Aias durch seinen Eifer den Wahnsinn recht lebhaft darzustellen dazu verleiten dem in seiner Nähe stehenden Flötenspieler, welcher den Chor begleitete, sein Instrument zu entreissen und ihm damit, als wäre er Odysseus, einen Hieb über den Kopf zu versetzen. Die ungebildete Menge klatscht ihm so lebhaft Beifall, dass die kunstsinnigere Minderheit ihr nicht entgegenzutreten wagt. Hierdurch aufgemuntert vergisst er die Schranken der Kunst und des Anstandes dermassen, dass er von der Bühne in die Orchestra hinabsteigt und sich unter die Zuschauer mischt, so dass diese zuletzt der Befürchtung Raum geben müssen, er sei über der Bemühung den Wahnsinn nachzuahmen wirklich in Wahnsinn verfallen (Luk. § 83.). Und der Künstler, welchem dies begegnete, gehörte doch der Nation an, welche sich durch weise Mässigung in der künstlerischen Darstellung sichtbarer Erscheinungen vor allen anderen auszeichnete.

Eine besondere Schutzwehr gegen die durch das Streben nach möglichst starker Charakteristik herbeigeführte Gefahr der Unförmlichkeit hatte die griechisch-römische *Pantomime* allerdings noch in der an ihren gottesdienstlichen Ursprung erinnernden *Verbindung mit der Tanzkunst*. Der durch die begleitende Musik unterstützte und befestigte Rhythmus, die schöne Gesetzmässigkeit der zeitlichen Bewegung des Körpers theilte sich natürlich in gewissem Grade auch den räumlich erscheinenden Formen mit. Von Seiten des Ausdrucks aber brachte der Beistand dieser Kunst bei der makrokosmischen Allgemeinheit ihrer Idee der Pantomime nicht nur keinen Gewinn sondern trug vielmehr zu ihrer Verarmung bei; er zog das Interesse der Zuschauer nur noch mehr von dem geistigen Inhalt der Handlung ab auf die äussere Erscheinung hin und beschleunigte die Verdrängung des rein œsthetischen Genusses durch entgeisteten Sinnenreiz, welcher hinwieder eine rasch zunehmende sittliche Entartung nach sich zog. Kaum hatte in den ersten Jahrzehnten der Kaiserzeit das Talent eines Pylades und Bathyllus die römische Pantomime, die tragische sowohl als die komische und satyrische, auf den Gipfel ihrer künstlerischen Ausbildung erhoben, so sah sich schon unter Tiberius der Senat veranlasst den römischen Rittern die Häuser der Pantomimen zu verbieten und als trotz aller Verbote die von und mit den pantomimischen Tänzern und Tänzerinnen getriebene Liederlichkeit sowie die Verletzung des sittlichen Gefühls und des Anstandes von der Bühne herab nur immer ärger und allgemeiner wurde, erfolgte zu wiederholten Malen die allgemeine Austreibung der Pantomimen aus der Stadt. Um so weniger dürfen wir uns darüber verwundern, dass die christlichen Kirchenväter mit der höchsten Entrüstung gegen die Pantomimen eiferten und ihre Kunst eine Teufelskunst, ihre Bühne ein Consistorium der Unzucht nannten. In den ersten Jahrhunderten der christlich germanischen Zeit mit dem römischen Theater überhaupt abgestorben, lebte die Pantomime späterhin (zu Anfang des 16. Jahrhunderts) zunächst bei den durch die Lebhaftigkeit ihrer Gebärden sich auszeichnenden Italienern wieder auf in den Maskenspielen, welche dann auch namentlich bei den Franzosen und Engländern Eingang fanden, und als eine ihr ähnliche Erscheinung tritt uns heutzutage das *dramatische Ballet* entgegen.

Hier münden die anfänglich in der Declamation und im Gesang nach zwei Richtungen sich scheidenden Hauptwege, auf welchen die zur theatralischen Ausführung des dramatischen Gedichtes dienenden Künste diesem den Rang ablaufen, wieder in einander ein, und von hier aus wird die revolutionäre Bewegung gegen die Herrschaft der Poësie nur noch stürmischer fortgetetzt um das Theater noch grösserer Entartung zuzutreiben. Verfolgen wir aber, ehe wir in dieses äusserste Stadium eintreten, den zweiten Hauptweg, den des Gesanges, von seinem Anfangspunkte an.

4. Die Musik.

a. Ihre Bedeutung für dramatische Darstellung überhaupt.

Der *Gesang* steht mit der dramatischen Poësie in ebenso inniger organischer Verbindung wie die mimische Declamation; er ist nur eine andere Form des äussern Daseins, des sinnlichen Lebens der Poësie. Für dieses ist er freilich, beim Drama wenigstens, nicht gleich nahe liegende und unentbehrliche Bedingung; er stellt, wie schon früher von uns bemerkt werden musste, durch seine rein musikalischen Mittel den poëtischen Inhalt des Drama's nicht so vollständig und durchgängig dar wie die Declamation. Nur einem besondern Bestandtheil des gesammten poëtischen Inhaltes vermag die in dem Gesang enthaltene Musik Ausdruck zu verleihen, dem die verschiedenen Momente und Situationen des Drama's durchdringenden oder begleitenden *Gemüthsinhalt*. Dies aber thut sie wirksamer weil unmittelbarer nnd somit auch æsthetisch vollkommener als irgend eine andere Kunst. In einem gewissen Grade vermag dies freilich auch die Declamation. Denn die Wortsprache enthält, auch wenn sie ohne eigentlichen Gesang laut wird, alle wesentlichen Momente der Musik. Höhe und Tiefe, Stärke und Schwäche des Tones, Eurythmie und Euphonie, wechselnde Zeitdauer der Laute und verschiedene Arten der Lautverbindung stehen auch ihr zu Gebote und vor allem die seelenvolle, keinem mechanischen Instrument erreichbare Klangfarbe der menschlichen Stimme. Aber die Declamation kann alle diese Momente nicht zu einer solchen Vollkommenheit der künstlerischen Form ausbilden und nicht zu so inniger und lebendiger Erregung und so vollständiger Entfaltung des Gefühls durch alle einzelnen Momente seines Verlaufs hindurch ausbeuten wie der Gesang, und selbst wenn sie es könnte, dürfte sie es nicht, weil sie sonst ihrer eigentlichsten und höchsten Bestimmung, durch möglichst angemessene Versinnlichung den *Gedankengehalt* der dramatischen Dichtung durchgängig zu seiner vollen Geltung und zur Herrschaft zu bringen, untreu würde. Dagegen vermag die in dem Gesang enthaltene Musik dem specifisch poëtischen Inhalt der Wortsprache, den Vorstellungen Begriffen und Gedanken, ihrer Gliederung und Verbindung unter einander nimmermehr diejenige Klarheit und Deutlichkeit, Bestimmtheit und Schärfe zu verleihen, welche der Declamation erreichbar sind, und wenn sie im declamatorischen Gesang und mehr noch im Recitativ auch diesem Ziele zustrebt, so muss sie dabei die ihr eigenthümlichsten und innerhalb ihrer Sphäre wirksamsten und schönsten Mittel, wie sie namentlich in dem Liede und der Arie ihre volle Verwendung finden, abschwächen oder aufgeben, ohne es der Declamation gleichthun zu können.

Hiermit ist einerseits die Einseitigkeit und Unzulänglichkeit des Dienstes angedeutet, welchen die Musik der Aufführung des poëtischen Drama's leisten kann, anderseits aber auch schon die Gefahr, welche für dasselbe aus der Mitwirkung der Musik entspringt. Diese leistet für die Verwirklichung des vollkommensten dramatischen Kunstwerkes einerseits zu wenig: anderseits thut sie des Guten zu viel. Auch hier bewährt sich der hinsichtlich des Verhältnisses der Künste zu einander früher von uns erörterte Satz, dass der nach einer Seite hin hervortretende Gewinn nach einer andern zugleich eine Einbusse bedingt. In der Musik lebt wohl die Seele aber nicht der Geist der Handlung. Gerade der Geist aber ist es, um dessentwillen wir von vorn herein der dramatischen Poësie den Vorrang unter allen dramatischen Künsten haben zuerkennen müssen. Der zum klar bewussten und begrifflich gegliederten Gedanken entfaltete, in der Wortsprache am treuesten und unmittelbarsten erscheinende Geist, mit welchem wir nicht nur uns selbst und die ganze Welt in ihrer höchsten Wahrheit erfassen sondern auch handelnd in dieselbe eingreifen, ist die höchste Stufe der menschlichen Entwicklung und darum auch der höchste Stoff der Kunst, während das durch den musikalischen Ton ausgedrückte oder doch angeregte Gefühl, noch fest in die Sphäre unseres unmittelbaren Naturlebens gebannt, nur die unterste Stufe unserer geistigen Entwicklung bildet. Gefühl und Gedanke verhalten sich zueinander wie Dämmerung und Tag, wie Keim und Frucht.

Durch diese Vergleichung soll dem Gefühl überhaupt sein besonderer Anspruch als Kunststoff ergriffen zu werden und zu einem möglichst vollen und vollkommenen Ausdruck zu gelangen durchaus nicht bestritten oder geschmälert werden. Dieser Anspruch ist so tief in der menschlichen Natur begründet, dass er sich von jeher durchgesetzt hat und jederzeit durchsetzen wird, am ausschliesslichsten in der reinen oder sogenannten absoluten Musik, organisch verbunden mit der Poësie im Gesang. Und in diesem verhältnissmässig innigsten und reinsten aller Kunstvereine hat das musikalische Element im allgemeinen über das poëtische das entschiedene *Uebergewicht der Wirkung*. Der poëtische Text bildet nur das Fussgestelle, auf welchem die Musik im Gesang ihren Thron aufstellt. Der in seiner ganzen Fülle hervorströmende Ton, welcher alle musikalischen Momente der menschlichen Stimme, die gewaltigen Kräfte des Rhythmus, der Melodie und der Harmonie frei entfaltet und nur durch das Gesetz der sinnlichen Schönheit beherrscht und ermässigt wird, übt zunächst auf unser Ohr einen weit stärkeren Reiz aus als die vor allem zum Ausdruck des geistigen Inhaltes gebildete Lautform der Wortsprache, und so überwältigt im Gesang der Eindruck auf das mit der Sinnlichkeit noch fest verwachsene Gefühl den Eindruck auf den bewussten freien Geist. Und wir müssen diesen Sieg der Tonkunst über die Dichtkunst als einen Gewinn für die Kunst überhaupt, welche ja allen Momenten des Lebens von der untersten bis zur obersten Stufe besonders gerecht werden soll, vor allem da willkommen heissen, wo das Gefühl als Grundstoff und bewegende Seele einer ganzen Dichtung hervortritt, wie dies in der reinen *Lyrik* der Fall ist, welche erst im Gesang zu dem ihr angemessensten sinnlichen Dasein und zu ihrer vollen Wirkung gelangt. Dagegen erlischt das Herrscherrecht der Musik, ja es erscheint der Gesang geradezu zweckwidrig in der reinen *Epik*, in welcher der Dichter seinen Gegenstand als einen unabhängig von seiner Person bestehenden, auf sich selbst beruhenden, fremden und vergangenen darstellt und der Eindruck, welchen derselbe auf sein Gemüth macht, der Antheil, welchen dieses an ihm nimmt, der Thätigkeit seines inneren Anschauungsvermögens untergeordnet bleibt.

Eine gewisse mittlere Stellung zwischen *Epik* und *Lyrik* nimmt der Musik gegenüber die *dramatische* Poësie ein, welche den Gegensatz jener beiden Dichtungsarten in einer höheren Einheit aufhebt. Da die Personen des Drama's eine ihnen ganz eigene, durch sie selbst zu vollziehende Handlung in ihrem gegenwärtigen Verlauf nachahmend darstellen, so muss der gemüthliche Antheil, welchen sie an derselben nehmen und welcher sich auch dem Zuhörer und Zuschauer mittheilen soll, natürlich ein weit innigerer und lebhafterer sein als der des Schöpfers des Recitators und des Zuhörers einer epischen Dichtung, und insofern wird das Drama zu seiner Aufführung eher eine Mitwirkung der Musik gestatten und in höherem Grade in Anspruch nehmen dürfen als das Epos. Sofern aber das Drama nicht auf das Gefühl sondern auf die Gedanken, die Gesinnungen und die Charaktere der Personen, auf die geistigen Beweggründe und Zwecke der Handlung und die hierdurch bewirkte Fortbewegung derselben den Hauptnachdruck legt und diesen Momenten das vorwiegende Interesse zuwenden will, darf es sich keinesfalls einer so durchgängigen und vollen musikalischen Darstellung bedienen wie ein lyrisches Gedicht; ja es hat sehr triftigen Grund vor den Diensten, welche die Musik ihm anbietet, auf seiner Hut zu sein, wenn es mit der Lösung seiner höchsten Aufgabe völlig Ernst machen und seinen Ehrenplatz im ganzen Reiche der Kunst bewahren will. Nicht nur dass die Musik, indem sie einer bestimmten Stimmung ihren vollen Ausdruck gibt, uns in derselben länger zu verharren zwingt, als sich mit dem vorwärts strebenden Charakter der dramatischen Handlung verträgt: sie beeinträchtigt auch den Ausdruck und Eindruck des geistigen Gehaltes in so fern, als sie die in der Wortsprache entfalteten und zum klarsten Bewusstsein gebrachten Gedanken wieder zum Gemüthsinhalt zusammenfaltet und in die Dämmerung des Gefühles versenkt. Es gilt von der Musik wie von der declamatorischen Mimik, dass sie zur Bühnenherrschaft nur auf Unkosten der Poësie gelangt.

Die Wahrheit dieser Behauptung findet ihre volle *Bestätigung in der Kunstgeschichte*, insbesondere der der neueren Zeit; denn dieser, nicht dem griechisch-römischen Alterthum, gehört die bis zum Absolutismus ausgebildete Herrschaft der Musik über das dramatische Theater an. Das *griechische Drama* hat zwar seinen Ursprung in dem zu Ehren des Dionysos aufgeführten Chorgesang; aber in demselben Verhältniss, in welchem sich aus diesem ihr noch sehr ferne stehenden Anfang die dramatische Poësie und die Mimik entwickelte und vervollkommnete, trat, wie wir schon früher zu bemerken hatten, der Gesang gegen diese Künste allmählich in den Hintergrund und in immer strengere

Abhängigkeit von dem dramatischen Zwecke. Auch schloss sich schon von Anbeginn der einstimmige, und nur wenn Männer und Frauen oder Knaben zusammensangen, von der Octave begleitete bakchische *Chorgesang* sammt den mit ihm verbundenen Tanzbewegungen ganz bescheiden und gefügig dem Inhalt der Dichtersprache an. Auch die Begleitung des Gesanges durch Flötenspiel änderte an diesem Verhältniss nichts, da sie sich nur in sehr spärlichen Accorden (Quinte und Quart, vielleicht auch Terz) bewegte. Die alten Griechen gingen offenbar von der Ansicht aus, dass die Mehrstimmigkeit (Harmonie in unserm Sinne) durch die Schwierigkeit, hohe und tiefe Töne zu einheitlichem Eindruck zu verbinden, die Ausdrucksfähigkeit der Musik beeinträchtige. Gesang- und Tanzrhythmus folgte Ton für Ton und Schritt für Schritt dem kunstvoll ausgebildeten Silbenrhythmus und diente somit dazu diesen nur noch schärfer auszuprägen und zu verdeutlichen, wogegen im musikalischen Drama der Neuzeit der figurirte Gesang sowie die ihn begleitende Instrumentalmusik bei der Bestimmung der Taktart, der Zahl und der Verbindungsweise der Töne den Accent, die Zahl, die Quantität und Verbindungsweise der Silben und Wörter, kurz den poëtischen Rhythmus wenig oder gar nicht beachtet sondern damit nach rein musikalischen Zwecken mehr oder minder willkürlich schaltet, wodurch namentlich bei uns das ohnehin schon durch die Mehrstimmigkeit des Gesanges und der Instrumental-Begleitung erschwerte Verständniss des poëtischen Textes noch schwieriger, ja nur zu oft unmöglich gemacht wird, da der deutsche Sprachaccent sich mit der Zeit immer entschiedener nach dem Bedeutungswerthe der Silben und

Wörter ausgebildet hat. — Ferner enthielten die griechischen Dramen zwar auch Einzelgesänge dramatischer Personen von der Bühne herab (τὰ ἀπὸ σκηνῆς) sowie Wechselgesänge derselben mit dem in der Orchestra befindlichen Chore (κομμοί); aber es finden sich keine Spuren davon, dass wie in unsern Ensembles von verschiedenen Personen verschiedener Text gesungen worden wäre. Was späterhin die dramatische Poësie beeinträchtigte und zuletzt von der Bühne verdrängte, war nicht die Musik, sondern der vorwaltende Sinn für die Schönheit der bildenden Künste, welcher, auch auf der Bühne sich hervordrängend, die Pantomime erzeugte. Erst die Gemüthsinnigkeit des christlich germanischen Geistes verschaffte der Musik im dramatischen Theater die Oberherrschaft, welche zuletzt in der reinen *Oper* gipfelte.

b. Verschiedene Grade und Weisen der Anwendung.

Es liegt ausserhalb des Planes unserer Vorlesungen die Entstehung und Ausbildung der Oper in ihrem geschichtlichen Zusammenhang darzustellen. Wir haben die verschiedenen Arten Formen und Stufen der Betheiligung der Musik an dem theatralisch aufgeführten Drama von den bescheidensten Anfängen an bis zur völligen Ueberwältigung der Poësie nur nach aesthetischen Gesichtspunkten geordnet zu besprechen, und auch hierbei müssen wir wegen der ungemeinen Reichhaltigkeit des Stoffes auf Ausführlichkeit, ja selbst auf Vollständigkeit verzichten uns uns auf die hervorragendsten Erscheinungen beschränken.

In der Verbindung der Musik mit der Poësie machen sich *qualitative quantitative und intensive Unterschiede* bemerklich, welche den allgemeinen Charakter des Drama's mehr oder minder wesentlich ändern. Je nachdem die Musik an der Aufführung desselben als reine Instrumentalmusik oder als Gesang nur theilweise oder durchgängig, mit der Declamation wechselnd oder gleichzeitig, mit getheilter oder vollständiger, schwächerer oder stärkerer Anwendung ihrer Mittel theilnimmt, wird sie natürlich der Herrschaft und der Selbständigkeit der Poësie geringere oder grössere Gefahr bringen. In allen diesen Fällen aber ist es von der grössten Bedeutung für den æsthetischen Werth oder Unwerth des Gesammtkunstwerkes und insbesondere für das poëtische Element desselben, ob der Geist des Tonsetzers und der ausführenden Darsteller seines Werkes dem des Dichters verwandt und freundlich zugewandt oder rücksichtslos auf die Verfolgung rein musikalischer Zwecke hingerichtet ist.

a. Particlle Anwendung.

Fassen wir vor allem den *Unterschied zwischen Instrumentalmusik und Gesang* ins Auge, so leuchtet ein, dass jene, indem sie nur von aussen an die Darstellung der Poësie herantritt und mit ihr nur ein gesellschaftliches Verhältniss eingeht, dieser zwar nicht so wesentliche und tief eingreifende Dienste zu leisten vermag zugleich aber auch ihre Stellung nicht so leicht in gleichem Grade gefährdet wie der Gesang, in welchem der musikalische Ton mit dem poëtischen Sprachlaut organisch zu der beziehungsweise innigsten Einheit verschmilzt. Ich ziehe hierbei ein gleichzeitiges Auftreten der reinen Musik und der Declamation einstweilen noch nicht in Betracht sondern nur den in zeitlicher Folge eintretenden Anschluss oder Wechsel beider Darstellungsweisen als die natürlichste und gewöhnlichste Art ihrer Verbindung. Der einfachste Fall ist hier der Eintritt der

Instrumentalmusik

vor der Eröffnung und nach dem Schlusse des durchweg gesprochenen Drama's. Die æsthetische Berechtigung einer solchen musikalischen Einrahmung des Drama's liegt am Tage : sie leistet ihm einen ähnlichen Dienst wie die architektonische Umgebung der Bühne : indem sie den unmittelbaren Zusammenstoss der idealen Handlung mit der realen Wirklichkeit verhindert, befördert sie die æsthetische Sammlung und Vorbereitung des Gemüthes auf jene, erweckt oder steigert die reine Genussfähigkeit und beugt einem allzuraschen und gewaltsamen Rückfall in die reale Stimmung vor, setzt eine Zeit lang den letzten und allgemeinen Eindruck des Drama's fort und vergönnt ihm sich zu entwickeln, sich zu steigern und nur allmählich hinzuschwinden um späterhin um so leichter und lebendiger wiedererzeugt zu werden. Dass der letztere Gewinn fast überall durch die geräuschvolle Ungeduld der minder kunstsinnigen Mehrheit des Publicums gestört oder unmöglich gemacht wird und infolge dessen der musikalische Schluss häufiger als die musikalische Einleitung ganz unterlassen wird, ist ein Uebelstand, welcher den Werth der Sache an und für sich ebenso wenig aufhebt wie eine verfehlte Wahl der Musikstücke. Dass diese um die genannte Wirkung hervorzubringen und zur Theilnahme an der dramatischen

Aufführung berechtigt zu sein möglichst genau der Idee des Drama's entsprechen müssen, versteht sich von selbst.

Wesentlich dasselbe gilt von der *die Zwischenakte ausfüllenden Orchestermusik*. Dass in neuester Zeit selbst mehrere der bedeutendsten deutschen Theater diese bei gesprochenen Dramen durchweg aufgehoben haben, lässt sich durch die Rücksicht auf die Sünden des Kapellmeisters und des Publicums zwar erklären aber durchaus nicht rechtfertigen. Statt der Gleichgültigkeit oder Unruhe des letzteren so bereitwillig Rechnung zu tragen und das Kind mit dem Bade auszuschütten sollten die Leiter des Theaters zuerst für Orchesterstücke sorgen, welche zu dem Inhalt des Drama's passen. Statt sofort die Segel zu streichen sollten sie vielmehr das Steuer um so kräftiger in die Hand nehmen. Hat das Theater einmal angefangen von den Sturmeswellen der Frivolität und des Ungeschmackes, den es nicht selten selbst mitverschuldet hat, sich fortreissen zu lassen: so gehört es wahrlich nicht zu den unmöglichen Dingen, dass es darin mit der Zeit wieder so erbaulich zugeht wie in dem alten londoner Theater zu Ende des siebzehnten Jahrhunderts. Georg Hesekiel hat uns hiervon in dem romantischen Gemälde des Lebens des Grafen von Königsmark eine Schilderung gemacht, aus welcher Einiges mitzutheilen hier wohl am Orte sein dürfte.

« Auf der Bühne wimmelt es schon vor dem Beginn des Stückes von Schauspielern Dichtern Kritikern und Cavalieren, welche sich das Recht den Vorstellungen in nächster Nähe beizuwohnen nicht nehmen lassen. Auf der anderen Seite des Vorhangs erhebt von Zeit zu Zeit das « Gesindel », d. h. das Publicum des Parterre, ein wüthendes Gebrüll. Dann heben einige Cavaliere den Vorhang auf und antworten mit Drohungen und Schimpfworten auf die Drohungen und Schimpfworte des Parterre; denn zwischen den understanders im yard und den Cavalieren, welche auf dreibeinigen Schemeln auf der Bühne sitzen, herrscht ein unaufhörlicher erbitterter Krieg. Endlich beginnt das Schauspiel..... Nach dem Prolog geht das wüste Geschrei wieder an. Die Cavaliere necken die understanders. Sofort regnet es nicht nur Schimpfwörter sondern auch Nussschalen Orangenschalen Steine Korkstöpsel und Wurstzipfel. Die ganze Scene ist in einem Augenblicke mit solchen Wurfgeschossen bedeckt. Dazwischen heulen die Stimmen der Aepfelhöker, der Wein- und Tabakshändler, die ihre Waare feilbieten. Hier wird geraucht, dort getrunken, anderwärts wird sogar Karten gespielt. Ueber dem Yard sind zwei Reihen Logen; in ihnen geht es aber nicht anständiger zu. Selbst die Frauen, die daselbst ihre Plätze haben, rauchen; es sind die reichen Bürgerfrauen der City, die aber beim Rauchen ihre Halbmasken nicht ablegen. Auch die Bühne füllt sich immer mehr mit Herren, die sich ihre Dreibeine durch Pagen bringen lassen oder, wenn kein Sessel mehr aufzutreiben ist, sich ruhig auf die Erde legen und ihre langen Beine oft bis mitten in die Scene ausstrecken. Einige winken, den Hut auf dem Kopfe, dem Parterre zu und rufen: guten Tag, Gesindel! freuen sich über das Geschrei, das darüber entsteht, und lassen sich ruhig mit Aepfeln und anderen Geschossen bewerfen. Andere werfen eine Handvoll Münze in das Parterre und freuen sich über die darob entstehende Prügelei; noch andere prunken mit ihren schönen Kleidern vor den Frauen und Töchtern der Bürger, lassen sich bewundern und blasen ihren Verehrerinnen den Tabaksqualm ins Gesicht. Man sieht, das Theater von damals bot mancherlei Vergnügungen dar. »

Um diese wird niemand von uns die damalige Zeit beneiden; aber mit dem spöttischen Lächeln vornehmer Sicherheit darauf hinabzublicken ziemt weder den Liebhabern der von Bier- und Tabaksduft geschwängerten Atmosphäre unserer sogenannten Sommertheater noch den Theaterbeherrschern, welche die Orchestermusik der Zwischenakte aus ihrem Reiche verbannt haben. Nicht als ob dem Mangel derselben die einzige oder Hauptschuld an dem soeben geschilderten Unfug beizumessen wäre. Dieser hatte offenbar andere, wesentlichere und allgemeinere Ursachen, welche grösstentheils ausserhalb des Theaters lagen. Auch würde die Einführung einer angemessenen Orchestermusik nimmermehr genügt haben haben ihm ein Ende zu machen. Aber gerade deshalb sollte man um so ernstlicher auch heute noch darauf bedacht sein der Entartung der Theatersitte vorzubeugen, so lange es noch Zeit ist, und hierzu kann ein die nächste Zeit vor dem Beginn des Drama's und die Zwischenakte ausfüllendes Orchesterspiel allerdings mittelbar beitragen, indem es die Versuchungen zur Frivolität vermindert, welchen eine grössere und buntgemischte zu genussreicher Verwendung einiger Mussestunden versammelte Menschenmenge während des Mangels an einer bestimmten Beschäftigung immer ausgesetzt ist. Es ist freilich nicht Jedem gegeben, am allerwenigsten heutzutage, sich während dreier Stunden oder noch länger unausgesetzt in einer idealen Stimmung und namentlich in tragischer Spannung zu erhalten. Das ist aber kein Grund denjenigen, welche es möchten und unter günstigen Umständen auch vermöchten, einem angemessenen Hebel zu entziehen und den Anreiz zu Störungen zu steigern statt ihn möglichst zu mindern. Wer zwischen den Akten statt idealer Sammlung viemehr realer Zerstreuung bedarf, dem bleibt es ja unbenommen während des musikalischen Zwischenspiels sich im couloir am Stadtklatsch oder vor dem buffet an geistigern Genüssen zu erquicken. Jedenfalls wird der Theaterwirth bei dem Ausfall der Orchestermusik bessere Geschäfte machen — und nicht bloss er allein sondern auch andere Geister, welche am Theater ein noch höheres Interesse haben: bei vermehrter Kundschaft kann dem Schenkwirth ein höherer Pachtzins zugemuthet werden, und das Orchester kostet Geld, welches zweckmässiger auf gröbere Anlockungs- und Reizmittel verwendet wird. — Doch brechen wir lieber hier ab, um in der nächsten Vorlesung ein anderes, wenn auch ebenfalls nicht sehr erbauliches, doch minder widerwärtiges und gemeines Bild zu entfalten.

IX. Wenn eine zu Anfang, zu Ende und zwischen den Akten des Drama's eintretende, dem Grundinhalt desselben entsprechende Instrumentalmusik fördernd oder verhütend dem Theaterdichter als ein willkommener Beistand erscheinen muss und jedenfalls seine Herrschaft nicht gefährdet: so gilt dies nicht gleichermassen von einer solchen Betheiligung des Orchesters an der Darstellung eines gesprochenen Drama's, welche gleichzeitig und durchgängig stattfindet, oder doch, indem sie nach kürzeren Pausen wiederkehrt, in die kleineren Abschnitte der Handlung eindringt, wie dies bei dem sogenannten

Melodrama

der Fall ist. Dieses Mittelding zwischen der reinen Oper und dem nicht musikalischen Drama stellt weder von Seiten des Inhaltes noch von Seiten der Form eine æsthetisch vollberechtigte Kunstverbindung dar. Die zwischen einzelne declamatorisch vorgetragene Sätze oder Satzreihen eingeschobene oder sie auch begleitende Instrumentalmusik soll dem Inhalt derselben einen erweiterten und verstärkten Ausdruck verleihen und zum Uebergang oder zur Vorbereitung auf das Folgende dienen. Diese Aufgabe aber kann sie in einem echten Drama nur höchst unvollständig und unvollkommen lösen, da ja in einem solchen die gegenstandslosen, ganz unbestimmten und allgemeinen Stimmungen und Gefühle, welche die Musik anzuregen und in einem gewissen Sinne anzuregen vermag, immer nur einen untergeordneten Bestandtheil des poëtischen Inhaltes bilden, dessen Hauptinteresse in der höchsten geistigen Verklärung der Handlung durch die bestimmteste Entwicklung der sie durchziehenden und den Willen auf bestimmte Thaten richtenden Gedanken beruht. Indem aber die reine Musik einseitig den Gefühlsausdruck verselbständigt und bis zu dem ihr erreichbaren Grade verstärkt, geräth sie, selbst unwillkürlich, mit der Poësie in einen Wettstreit, welcher die Einheit des Eindrucks stört. Das Interesse des Zuhörers schwankt und wechselt zu oft und zu rasch in unbehaglicher und unæsthetischer Weise zwischen Gefühlen und Gedanken und wird gewaltsam hin und her gezerrt. Dieses Missverhältniss aufzuheben

bleibt nichts anderes übrig, als dass entweder die Musik
sich auf die Grenzpunkte oder Hauptepochen der Handlung zurückzieht, m. a, W.: dass die melodramatische
Form überhaupt aufgegeben wird, oder dass, wenn diese
bestehen soll, die Poësie von ihrem dramatischen Gipfel
herabsteigt, auf das ihrer würdigste Ziel verzichtet und
statt einer Handlung im strengeren Sinne eine blosse Reihenfolge lyrischer Situationen darstellt. Hat sich aber einmal
die Poësie im Melodrama zu einem der absoluten Musik
untergeordneten und dienenden Momente gemacht, so kann
es kaum ausbleiben, dass jene bei dem Bestreben dieser
möglichst volle Gelegenheit zur Entfaltung ihrer Darstellungsmittel zu geben sich ihrem wahren Wesen entfremdet
und entartet. Thatsächlich bestätigt hat sich dies namentlich
in Frankreich, wo das Melodrama seit der Mitte des vorigen
Jahrhunderts, besonders seit dem Erscheinen von J. J. Rousseau's Pygmalion, mehr als anderswo in Schwang kam. Die
verkehrte Grundrichtung führte je länger je mehr, zumal
unter dem Einfluss der neuen Romantik, zu Ueberschwenglichkeiten Abenteuerlichkeiten und Wunderdingen,
welche sich bis zum Unsinn, zu sinnberauschendem
Schaugepränge, zu Roheit und schmutziger Gemeinheit
steigerten. Diese dramatische Afterart wurde leider
auch auf die deutsche Bühne verpflanzt, zuerst durch
die von dem Schauspieler Brandes 1775 nach einer Cantate
Gerstenbergs bearbeitete Ariadne auf Naxos und dann
durch Gotters Medea, zu welchen beiden Georg Benda
die musikalische Begleitung lieferte; sie konnte aber bei
uns nie recht Wurzel fassen und hat sich nur eines schnell
vorüberrauschenden Beifalls zu erfreuen gehabt. Es war
ganz am Ort, dass Gœthe sein Melodrama Proserpina

in eine « dramatische Grille » einschob, mit welcher er die falsche Empfindsamkeit verspottete. Kleinere melodramatische Episoden mögen an passender Stelle grösserer Dramen immer noch geduldet werden, besonders wenn sie wie die berühmte Scene im letzten Akte von Goethe's Egmont einen Meister finden wie Beethoven. Auch kann der Eintritt von Instrumentalmusik dazu dienen den Uebergang von reiner Declamation zum Gesang und umgekehrt zu vermitteln, ein Punkt, auf welchen wir später noch zurückkommen werden.

Mag auch bei kleineren lyrisch gefärbten Dichtungen von Seiten des Inhaltes der Schaden geringer sein als beim Drama, so bleibt doch hier wie dort das unheilbare Uebel zwiespältiger, mit einander unverträglicher Darstellungsformen. Declamation und Instrumentalmusik leben beide in einem und demselben Material, der hörbar bewegten Luftwelle, und haben, die Harmonie im engeren Sinne abgerechnet, welche ausschliessliches Eigenthum der Musik ist, alle æsthetischen Momente der sinnlichen Erscheinung, Klangfarbe Rhythmus und Melodie mit einander gemein; auch sind sie im Grunde an dieselben Gesetze der akustischen Schönheit gebunden; aber sie bringen dieselben bei der Verschiedenheit des auszudrückenden Inhaltes in ungleicher Weise und mit ungleicher Strenge zur Anwendung. Die freiere, öfter und plötzlicher, stärker und gewaltsamer wechselnde Bewegung des declamatorischen Vortrages gegenüber der strengeren Gesetzmässigkeit des musikalischen Rhythmus, welchem jener sich nur bei unnatürlichem Zwange fügt, die dem Gesammtumfang nach beschränkten, bis zur Unmessbarkeit sich verringernden und unbestimmten Unterschiede in der

Höhe und Tiefe der Sprachtöne gegenüber den umfangreichen mit der äussersten mathematischen Genauigkeit abgemessenen bestimmten und reinen Intervallen der musikalischen Melodie müssen schon in unmittelbarer zeitlicher Folge unangenehm auffallen, um so mehr, in je kürzeren Zeiträumen sie mit einander abwechseln, und vollends, wenn sie *gleichzeitig* vernommen werden, müssen sie jedes gebildete Ohr beleidigen. Der musikalische Vortrag beeinträchtigt den declamatorischen, indem die unabweisliche Vergleichung mit jenem diesen vom Standpunkte der sinnlichen Schönheit aus als unvollkommen und dürftig, ja sogar als roh erscheinen lässt, und umgekehrt wird der Eindruck der musikalischen Töne durch die disharmonische Verbindung mit den declamatorischen gestört. So wird jede der beiden Künste ihrer vollen Wirkung und Reinheit, und die Gesammtdarstellung ihrer Einheit beraubt.

Gesang.

Diese kann nur dadurch gewonnen werden, dass Poësie und Musik statt einer äussern und mechanisch vermittelten Verbindung eine innere und organische Vereinigung eingehen — im *Gesang*, durch dessen Vermittelung denn auch die Instrumentalmusik als stützende Begleiterin wieder aufgenommen werden kann. Mit der grösseren æsthetischen Berechtigung dieses Kunstvereins im allgemeinen und seiner grösseren Innigkeit ist aber zugleich, wie bereits früher gezeigt wurde, für die dramatische Poësie die Gefahr der Ueberwältigung und infolge dessen der Entartung näher gerückt und deshalb in der Zulassung des Gesanges zur dramatischen

Darstellung die grösste Vorsicht zu beobachten, *sofern der Poësie dabei die Herrschaft verbleiben soll.*

Da überall, wo der Gesang an die Stelle der Declamation tritt, der Gefühlsausdruck den Gedankenausdruck überwiegt, so kann ein durchgängig gesungenes Drama seinen höchsten Gehalt, den specifisch poëtischen, nicht zur vollen Geltung bringen. Im ganzen aber wird dieser noch nicht geschmälert, wenn der Gesang nur an wenigen einzelnen Stellen in einfacher und bescheidener Weise, namentlich in Liedform eintritt und der Dichter darf ihn als einen reinen Gewinn da willkommen heissen, wo er selbst seinem Zwecke gemäss das Gefühl zu einer solchen Stärke anwachsen lässt, dass es in dem bloss gesprochenen Worte nicht mehr den genügenden Ausdruck findet. Durch Gretchens einzelnen Gesang im Faust, durch Klärchens Lieder im Egmont, durch den einzigen Chor in Schillers Räubern und das Reiterlied in Wallensteins Lager wird der poëtische Charakter dieser Dramen durchaus noch nicht aufgehoben oder getrübt. Das reine Drama verlangt zwar im ganzen lebhaften Fortschritt der Handlung, und diesen hemmt der Gesang, indem er uns in bestimmten Gemüthslagen zu verweilen nöthigt; an gewissen einzelnen Stellen aber ist dieses Verweilen durch das dramatische Interesse geradezu geboten: es stört nicht nur nicht den dramatischen Eindruck sondern fördert ihn, indem es die einer bestimmten Situation angemessene Stimmung sichert und befestigt und dem Gemüthe zur Verfolgung des ferneren Verlaufes der Handlung die erforderliche Spannkraft wiedergibt oder erhält, welche allzulange ohne Unterbrechung in Anspruch genommen ermüden und hinschwinden würde. Zu einem aesthetischen Fehler aber, wie wir ihn schon beim Melodrama zu rügen hatten, wird die Unterbrechung der Rede durch den Gesang, wenn dieser so häufig und in so kurzen Zwischenräumen wiederkehrt und sich dermassen ausbreitet, dass das aesthetische Interesse zwischen den musikalischen und dem poëtischen Bestandtheil des Drama's zu gleichmässig getheilt wird ins Schwanken geräth, das Gemüth des Zuhörers keine feste Grundstimmung bewahren kann sondern zu häufig und in zu kurzen Fristen genöthigt wird sich poëtisch oder musikalisch umzustimmen; denn ein völliges Gleichgewicht gleichzeitigen poëtischen und musikalischen Eindrucks und Interesses wird bei einem solchen Wechsel der Darstellung streng genommen nicht stattfinden, sondern höchstens ein unberechenbar schnelles Oscilliren zwischen beiden.

Auf diesem Punkte darf also die Invasion des Gesanges und der ihn begleitenden reinen Musik keinesfalls stehen bleiben. Ist sie einmal so weit vorgeschritten, so soll sie auch weiter gehen bis zur Beherrschung des ganzen dramatischen Gebietes. Der die künstlerische Einheit zerstörende Kampf der verschiedenen Darstellungsformen mit einander muss sich zu Gunsten der einen oder der andern entscheiden. Will einmal die Musik sich nicht bescheiden der dramatischen Poësie zu dienen, so möge sie auch keck das Scepter ergreifen. Freilich nicht um sie zu entwürdigenden, ihrer hohen Idee widersprechenden Knechtesdiensten zu zwingen sondern um von ihr durch liebevolle Handbietung denjenigen Stoff zugeführt zu erhalten, an welchem sie ihre Macht über die Menschenherzen am gewaltigsten und würdigsten zur Geltung bringen kann.

β. Durchgängige Anwendung der Musik. Die reine Oper.

Die mannigfaltigen dramatischen Uebergangs- und Afterarten, welche das Eingreifen der Musik in die theatralische Darstellung und ihr Streben nach Beherrschung der Bühne besonders seit den letzten Jahrhunderten des Mittelalters hervorgetrieben hat, bis es in der *reinen Oper* zur vollen Sättigung gelangte, namentlich die mehr oder minder mit Gesang gemischten Aufführungen der Misterien oder geistlichen Spiele sowie der Fastnachtsspiele, die nach Hans Sachsens, Jakob Ayrers und Martin Opitzens Vorgang seit dem siebzehnten Jahrhundert auf der deutschen Bühne wuchernden Singspiele und ihre Nebenarten, Pastorelle Serenaten theatralische Oratorien Singballete und Maskeraden, die mit Reien oder Chören durchflochtenen Kunstdramen eines Paul Rebhun und Andreas Gryphius, die geistlichen Trauer- und Freudenspiele Johann Klai's in Nürnberg, die vorzugsweise den Franzosen eigenthümlichen Vaudevilles u. dergl. brauche ich hier um so weniger einer näheren Beurtheilung zu unterwerfen, da bei ihnen meist noch andere als musikalische Ein- oder Beimischung in Betracht kommt und die Verkehrtheiten und Ausschweifungen, zu welchen sie geführt haben oder welche ihnen schon von Haus aus eigen waren, fast sämmtlich bei der *Oper* wiederkehren, welche als die am vollständigsten und entschiedensten ausgebildete Form des musikalischen Drama's ein bedeutendes Interesse erweckt.

Dieses der Oper an und für sich schon zukommende Interesse hat sich in den letzten Jahrzehnten noch ganz besonders gesteigert durch die theoretischen und praktischen

Bestrebungen und Werke *Richard Wagners.* Diese werden voraussichtlich zwar unmittelbar, auf dem von ihm selbst betretenen Boden und Wege, nicht zu dem verheissenen Ziele, dem vollkommensten aller möglichen Kunstwerke führen, verdienen aber zunächst um des heiligen Ernstes willen, mit welchem dieses hohe Ziel verfolgt wird, unsere vollste Anerkennung und stellen jedenfalls mittelbar einen wesentlichen und dringend nöthigen Fortschritt in Aussicht durch Verschärfung und Befestigung des Bewusstseins über die mit der Zeit nur zu tief eingewurzelte Verderbniss der Opernpraxis, durch Belebung des Ausrottungskampfes gegen diese und zugleich durch die Opposition, welche sie gegen sich selbst hervorgerufen haben. Unsere Vorlesungen können nach ihrer ursprünglichen Anlage keinen Anspruch darauf machen den schwebenden Streit zu einer endgültigen Entscheidung zu bringen; ihr Zweck wird erreicht sein, wenn es ihnen gelingt die Frage durch Vereinfachung, festere Bestimmung und Hervorhebung ihrer wichtigsten Momente der Lösung zu nähern und die eingetretene Gährung klären zu helfen.

Die æsthetische Berechtigung der reinen Oper an und für sich bedarf nach allen bisherigen Erörterungen keines besonderen Nachweises mehr. Die eben erst aufgestellte Behauptung, dass die Musik, wenn sie einmal ernstlich aus ihrer untergeordneten Stellung zur dramatischen Poësie hinausstrebe, sich nicht mit einer Erringung des Gleichgewichtes begnügen dürfe sondern sich zur herrschenden Kunst erheben müsse, darf noch dahin verschärft werden, dass die Musik, wenn sie einmal der gesprochenen Rede den Boden zum grösseren Theil abgewonnen habe und die Herrschaft über die Poësie behaupten wolle, in der Regel am besten daran thue, die gesprochene Rede vollends zu verdrängen. Nicht als ob die Einmischung einzelner recitirter Stellen von kleinerem Umfang den von der Musik eingenommenen Herrscherthron so leicht zu erschüttern vermöchte; diese braucht sich nur einigermassen breit zu machen, so sitzt sie darauf fest. Auch mag bei gewissen minder gewichtigen Arten des Drama's, namentlich bei komischen Opern, insbesondere bei Zauberpossen, der Wechsel der verschiedenen Darstellungsweisen, mit Geschick angebracht, recht ergetzlich sein. Aber der damit verbundene Uebelstand tritt wenigstens in der gegenwärtigen Praxis auch dann noch hervor, wenn die Stimmung bereits eine entschieden musikalische ist. In der ernsten Oper wenigstens ist die durch den Eintritt der Recitation bewirkte Umstimmung in der Regel nichts anderes als eine unbehagliche Ernüchterung, es sei denn, dass der gesprochene Dialog durch seine komische Haltung die tragische Spannung unterbrechen und ermüdender Ueberspannung vorbeugen soll. Eine Vergleichung mit dem Wechsel zwischen rhythmisch gebundener und ungebundener Rede kann nicht zur Rechtfertigung dienen; denn der Abstand dieser beiden Darstellungsweisen von einander ist weit geringer.

Soll aber der reinen Oper, d. h. derjenigen, deren Text ausschliesslich gesungen wird, die ihr zuerkannte æsthetische Vollgültigkeit in Wahrheit zukommen: so müssen zunächst bei ihrer Schöpfung Dichter und Musiker sich so zu einander verhalten, dass das Grundgesetz der inneren Einheit gewahrt wird. Hierzu ist nicht gerade erforderlich, dass Dichter und Componist dieselbe Person seien, ein Fall, welcher ohnehin bei der gegenwärtigen technischen Ausbildung der Musik und ihrem Verhältniss zur Poësie nur höchst selten vorkommen wird. Ja es ist trotz des in seiner Art einzigen Vorgangs der griechischen Dramatik noch sehr fraglich, ob nicht heutigen Tages vielmehr Theilung der Arbeit hier das zweckmässigste und sicherste sei. So viel aber ist gewiss, dass zur Schöpfung einer Oper, welche der reinen und strengen Idee dieser Kunstart auch nur annähernd entsprechen soll, nicht nur Dichter und Tonsetzer Meister in ihrer besonderen Kunst sein sondern auch jeder von beiden einen lebendigen Sinn für die Kunst des andern sowie eine genaue Kenntniss der Bedingungen ihrer Wirkung und, was vielleicht das Schwierigste ist, Selbstbeherrschung und Selbstverläugnung genug besitzen muss um das Sonderinteresse seiner Kunst dem Interesse des Gesammtkunstwerkes zum Opfer zu bringen.

Indem ich aber beiderseitige Meisterschaft und gegenseitige Opfer verlange, bin ich weit davon entfernt für die Oper eine Gleichstellung der Poësie und der Musik gelten zu lassen, welche dem Grundgesetz aller Kunstverbindung widersprechen würde. Darin besteht eben der grosse *Irrthum Wagners*, dass er die Poësie in dem durchgängig musikalischen Drama nicht nur in ihrem vollen Werthe bewahren sondern sogar durch den Gesang erst zu ihrem höchsten Gipfel erheben will. Ich meinerseits fordere vielmehr vor allem eine ebenso entschiedene als bereitwillige Unterordnung des Dichters unter alle *gerechten* Forderungen des Tonsetzers, und wenn ich auch diesem durchgängige Rücksicht auf die Interessen der Poësie zumuthe, so soll diese doch nur der Art sein, dass damit die Oberherrschaft, d. h. hier die überwiegende

Wirkung der Musik durchaus nicht erschüttert oder in Frage gestellt wird.

Diese Forderung steht durchaus nicht in Widerspruch mit der Hochachtung, welche wir der Poësie erwiesen haben, indem wir ihr den Ehrenrang unter allen Künsten zuerkannten. Wenn auch die Poësie hinsichtlich des ihr eigenthümlichen Inhaltes so hoch über die Musik emporragt wie in der Entwicklung des menschlichen Wesens der Gedanke über das Gefühl, mithin auch das gesprochene Drama über die Oper: so verletzt doch die Poësie, wenn sie in der Oper für die Musik den würdigsten Stoff liefert, ihre eigene Würde ebenso wenig als die Sculptur, wenn sie sich dazu hergibt die Schönheit eines Bauwerkes zu erhöhen. Innerhalb welcher Schranken ihrerseits die Musik sich dazu eignet den Eindruck eines Dramas zu heben ohne die Poësie von ihrem Throne zu stossen, haben wir bereits bei Besprechung des griechischen Theaters gesehen. Ob und wie sich eine ähnliche Wirkung auch heute noch erzielen lasse, darauf werden wir noch zurückkommen. Wenn aber *R. Wagner* dieses Verhältniss auch in dem unter Instrumental-Begleitung durchgängig gesungenen Drama beibehalten wissen will und auch in diesem noch der Musik lediglich die Bestimmung zuweist das Verständniss und die Wirkung des poëtischen Gehaltes als solchen durch grössere Lebendigkeit des sinnlichen Ausdruckes zu verstärken : so können wir einer solchen Zumuthung schon aus dem einfachen Grunde nicht beitreten, weil ihre Erfüllung ein Ding der Unmöglichkeit ist, so lange die Musik in Wahrheit noch Musik bleiben soll. Der übrigens nicht neuen Forderung Wagners, dass die Musik mit dem Sinne des poëtischen Wortes möglichst genau übereinstimme, sich ihm aufs innigste anschmiege, müssen wir unseren lebhaftesten Beifall zollen. Ja wir müssen dem Componisten eines musikalischen Drama's aufs entschiedenste die Befugniss absprechen in seine Tonschöpfung irgendwelche Bestandtheile aufzunehmen, welche als *absolute*, d. h. von dem poëtischen Inhalt losgetrennte *Musik* erscheinen. Diese Beschränkung und Verzichtleistung dürfen wir ihm nicht erlassen und zwar sogar in seinem eigenen wohlverstandenen Interesse. Aber Wagner baut seine ganze Theorie und Praxis auf einen Grundirrthum. Getäuscht vielleicht durch die eigenthümliche Mischung seines musikalischen Sinnes mit dem poëtischen verkennt oder unterschätzt er das gewaltige oder unverlierbare Uebergewicht des musikalischen Sinnenreizes über den sprachlichen, jenes Uebergewicht, durch welches der Gesang zugleich weit stärker in das fühlende Gemüth als in den bewussten Geist eindringt und die Wirkung der Poësie unwiderstehlich hinter die der Musik zurückdrängt. Dagegen überschätzt er die Macht der musikalischen Charakteristik und fordert in dieser Hinsicht Leistungen, welche die Grenzen der Musik nach Seiten der Poësie hin überschreiten. Wagner nennt den Dichter den Erzeuger, die Tonkunst die Gebärerin des Drama's der Zukunft, in welchem er das vollkommenste aller Kunstwerke erblickt. Wir können ihm dieses Gleichniss wohl gelten lassen, aber es zugleich zu seinen Ungunsten weiter ausführen. Die aus dieser Kunstehe stammende Tochter steht ganz nothwendig von vorn herein und, weil sie nicht wie ein natürliches Menschenkind sich mit den Jahren geistig fortentwickeln kann, zeitlebens zu der Mutter in einem innigeren Verhältniss als zum Vater und trägt in allen ihren Zügen das Gepräge des mütterlichen Wesens. Wagner sucht die häusliche Herrschaft des poëtischen Gatten dadurch zu wahren, dass er die musikalische Gattin vermittelst Entziehung nahrhafter und gesunder Kost und Aufnöthigung einer unweiblichen Tracht und Lebensweise ihrer besten Reize beraubt und ihr verbietet von den mannigfaltigen und eigenthümlichsten Mitteln ihrer Stimme vollständigen und vollen Gebrauch zu machen und irgend etwas anderes als den verstärkten Wiederhall des männlichen Machtspruches vernehmen zu lassen. Sie aber — ich meine die bildliche Kunstgattin — ist nun einmal von der Natur zur Hausherrin bestimmt und wird in allen Angelegenheiten, selbst in solchen, welche sie eigentlich nichts angehen, so oft sie beigezogen wird, ihre Ueberlegenheit bewähren, mag sie sich nun zum lautesten Ausbruch leidenschaftlichen Widerstrebens gegen den Willen des Gatten hinreissen lassen oder sich ihm mit dem zartesten Liebesgeflüster anschmiegen. Um ohne Gleichniss zu reden: indem Wagner, um der Poësie den im gesprochenen Drama ihr gebührenden und leicht zu behauptenden Ehrenrang auch in dem durchweg gesungenen Drama zu bewahren, die Musik zwingen will den Eindruck des gesammten poëtischen Inhaltes der Handlung sinnlich zu beleben und zu verstärken, demselben in allen seinen einzelnen Momenten durch die Musik einen selbstverständlichen eindringlichern Ausdruck zu verleihen, sieht er sich gezwungen dem Gesang unter Abschwächung des vollen melodischen Reizes ein vorwaltend declamatorisches Gepräge zu geben, die Gesetze der Harmonie ohne Rücksicht auf die æsthetischen Bedürfnisse des Ohres zu verletzen, um des stetigen Flusses der Handlung willen die architectonische Strenge in der Gliederung des musikalischen Baues aufzulösen und den einzelnen musikalischen Bestandtheilen fast nie eine auch nur relative Selbständigkeit zu gestatten, den vorhandenen Reichthum an mannigfaltigen Formen und Arten des Gesanges unbenutzt zu lassen und mit manchem Unkraut auch manche schöne Blume auszuraufen, kurz die Wirkung und den Werth der musikalischen Darstellung übel zu beeinträchtigen. Und mit alledem bringt er es doch nicht dazu dem poëtischen Elemente des Drama's aus seiner Unterordnung zur Herrschaft oder auch nur zu einer Gleichstellung mit der Musik zu verhelfen. Diesen Zweck erreicht er um um so weniger, da er auch die ursprünglich zur Begleitung des Gesanges bestimmte Instrumentalmusik in weiterem Umfang und unmittelbarer, als bisher geschah, zur dramatischen Charakteristik verwendet und zugleich ihre sinnliche Wirkung in ausserordentlichem Grade verstärkt, ganz abgesehen einstweilen noch von der über Gebühr verstärkten Mitwirkung der sichtbar darstellenden Künste, namentlich der Scenerie. So bringt er kostbare Schätze einem Phantom zum Opfer, und indem er Musik und Poësie gemeinschaftlich und gegenseitig zu höheren Ehren zu erheben gedenkt, lässt er keine von beiden Künsten zur vollen Entfaltung ihrer Kraft und Herrlichkeit gelangen.

Ich kann hier freilich nicht als Fachmann sondern nur als Musikfreund urtheilen; aber da die grosse Mehrheit des Theaterpublikums bei der gegenwärtigen hohen Entwicklung der musikalischen Technik immer aus blossen Musikfreunden bestehen wird, so dürfen auch von diesem Standpunkt aus sich Stimmen erheben und der dramatische Tonsetzer muss sie anhören, wenn er nicht Gefahr laufen will mit seinen künstlichsten Schöpfungen zu vereinsamen.

Was aber hinsichtlich des Kunstwerthes der Musik für sich von einer ferneren Verfolgung der Wagnerschen Richtung zu fürchten sei, darüber lasse ich füglich statt meiner einen Meister des Faches sprechen, welcher eine Zeit lang sogar für einen Parteigänger Wagners gegolten hat und gewisslich nicht beschuldigt werden kann die musikalische Charakteristik der formalen sinnlichen Schönheit der Musik zum Opfer zu bringen. Hector Berlioz hat vor einer Reihe von Jahren nach einer in den Signalen für die musikalische Welt erschienenen Mittheilung aus Paris bei Gelegenheit der dortigen Aufführung Wagnerscher Opernmusik folgendes Glaubensbekenntniss abgelegt: « Wenn die Zukunftsschule uns sagt: man ist der Melodie, der melodischen Zeichnungen, man ist der Arien, der Duo's, der Trio's, überhaupt aller Stücke überdrüssig, deren Thema sich regelmässig entwickelt; man ist mit consonirenden Harmonieen, einfachen, vorbereiteten, aufgelösten Dissonanzen, natürlichen und kunstmässig geregelten Modulationen übersättigt; man muss nur der Idee Rechnung tragen ohne auf die Empfindung Rücksicht zu nehmen; man muss das Ohr misshandeln und an Alles gewöhnen; man muss sich in der Oper darauf beschränken die Declamation in Noten zu setzen, sollte man auch die unsingbarsten, rohesten und hässlichsten Intervalle in Anwendung bringen und sich nie um die Möglichkeit einer Ausführung Sorge machen —: dann hebe ich die Hand auf und schwöre non credo. — Fünfzig Jahre dieser Musik, und die Musik ist todt; denn man hätte die Melodie getödtet, und die Melodie ist die Seele der Musik.»

Haben wir von dem Grundsatz, dass auch in dem durchweg musikalisch ausgeführten Drama die Poësie als Gebieterin oder doch als gleichberechtigte Schwester der Musik anerkannt werden müsse, wirklich solche Früchte zu erwarten : so muss dies uns um so bedenklicher machen und uns bewegen, statt in erster Linie die Musik zur durchgängigen Förderung der poëtischen Interessen zu zwingen, vielmehr vor allem zu fragen, welche Pflichten der Dichter gegen den Musiker zu erfüllen habe, damit dieser zu seinem vollen Rechte und zugleich das Drama zu demjenigen Grade der künstlerischen Vollkommenheit und Würde gelange, dessen es unter der Vorherrschaft der Musik überhaupt noch fähig ist. —

X. Dieser letztere Zweck, welcher immer der höchste bleiben muss, wird uns freilich abhalten dem Dichter irgend etwas Ungebührliches, irgend eine Verletzung der Würde und der Gesetze seiner Kunst zuzumuthen. Denn wenn in dem dramatischen Kunstverein ein so wichtiges Glied leidet wie die Poësie, so leidet natürlich der ganze Organismus mit. Ist es doch die Poësie, welche der Musik nicht nur den zu verarbeitenden Nahrungsstoff zuführt sondern ihn auch schon in einem gewissen Grade zubereitet hat. Aber wir müssen die Bescheidenheit und Selbstverläugnung des Dichters, welcher sich anheischig macht für das durchgängig musikalische Drama zu schaffen, allerdings auf eine schwere Probe stellen, indem wir im Namen des unverbrüchlichen Gesetzes der æsthetischen Einheit von ihm verlangen, dass er auf den höchsten Zweck und Preis, welchen die Poësie und die Kunst überhaupt im nicht musikalischen Drama erringen kann, von vorn herein Verzicht leiste, auf die vollkommenste Entwicklung der die Handlung bewegenden und sie zu der menschenwürdigsten Lebensäusserung erhebenden Gedanken. Denn die erste und unerlasslichste Bedingung zur Einigung der dramatischen Poësie und der Musik ist doch offenbar, dass jene einen Inhalt liefern, welchen diese wirklich auszudrücken vermag. Von dem geistigen Inhalt der Handlung aber vermag die Musik, wie wir schon wiederholt zu bemerken hatten, nichts anderes auszudrücken oder anzudeuten als Stimmungen und Bewegungen des Gemüthes. Dass also von solchen die Handlung fortwährend durchdrungen erwärmt gehoben hervorgerufen oder begleitet sei und zwar so, dass die musikalische Darstellung nicht nur statthaft sondern geradezu gefordert werde, dafür muss der Dichter vor allen Dingen sorgen. Hiermit kann natürlich nicht gesagt sein, dass der poëtische Text überhaupt keine Gedanken enthalten solle. Ohne diese ist ja überhaupt weder eine sprachliche Darstellung statthaft noch eine eigentliche Handlung möglich. Die Handlung setzt Zwecke voraus, zu deren Verfolgung und Erreichung Gefühle und Triebe zwar nothwendig gehören aber allein für sich nicht ausreichen sondern der erkennende und denkende Geist mitwirken muss in Bestimmung der Gegenstände und Beweggründe. Da aber im Gesang der Eindruck des musikalischen Elementes der stärkere ist und dadurch das Gemüth die Herrschaft über den bewussten Geist erhält, der Inhalt des letzteren aber ausserhalb des musikalischen Stoffgebietes liegt: so würde ein Missverhältniss zwischen Inhalt und Darstellungsform und ein die Einheit störendes Ringen zwischen poëtischem und musikalischem Interesse entstehen, wenn der Dichter dem Gedanken eine ebenso vollkommene Entwicklung gestatten wollte wie im gesprochenen Drama. Die stetige Fortbewegung des bewussten Geistes durch alle auch die kleinsten und einfachsten Bestandtheile seiner Thätigkeit zu verfolgen, die Motive und Zwecke der Handlung so vollständig und reichhaltig darzulegen, die Charaktere der Handlung so fein und scharf zu idealisiren, sichtbare Gegenstände oder Vorgänge so deutlich zu schildern oder zu erzählen, wie dies der Poësie überhaupt möglich ist, das alles wäre im musikalischen Drama ein nicht nur vergebliches sondern auch störendes Unternehmen des Dichters. Der Musiker kann ihm bei der Subjectivität und Unbestimmtheit des musikalischen Inhaltes und bei dem architektonischen Charakter der melodischen harmonischen und rhythmischen Grundgesetze und Grundformen, innerhalb deren die musikalischen Töne sich zu bewegen haben, in dieser Richtung nicht nachkommen und muss sich, wie gesagt, wenn er sie verfolgt, einen Zwang auferlegen, welcher das Tonkunstwerk seiner eigenthümlichsten Schönheit und wirksamsten Reize beraubt, ja seiner natürlichen Bestimmung entfremdet. Der Dichter darf daher in dem Gesangtext sowohl die Aussenseite der Handlung als die Vorstellungen und Gedanken, die Zwecke Motive und Charaktere der handelnden Personen meist nur in ihren Umrissen darstellen und muss es dem Musiker überlassen in deren Schattirung und Färbung den die Brust durchziehenden, durch die Handlung hervorgerufenen oder auf sie einwirkenden Gefühlen und Stimmungen einen so vollen und angemessenen Ausdruck zu geben, dass die Theilnahme der Zuhörer an der Handlung eine vorherrschend gemüthliche wird. Deshalb ist er durchaus nicht, wie wohl behauptet wird, darauf angewiesen der Handlung nur einen unbedeutenden und seichten Inhalt zu geben. Grosse Gedanken, sittlich hohe Zwecke Motive Gesinnungen und Charaktere werden auch das Gemüth der Zuhörer tiefer ergreifen und schwunghafter bewegen, mithin der Musik einen bedeutenden ideellen Werth verleihen. Wohl aber hat der Dichter sich um so mehr der *Klarheit* und *Einfachheit* nicht nur des Inhaltes sondern auch der Composition und der sprachlichen Darstellung zu befleissigen, je mehr der Gesang und die Instrumental-Begleitung durch die Uebermacht des musikalischen Tones über den Sprachlaut, somit durch die Herrschaft des Gefühls über die Vorstellung und den Gedanken das Verständniss des poëtischen Textes erschwert.

Ueber die *Wahl des Stoffes* sei nur dies bemerkt. Wagner will in seiner Schrift über Oper und Drama für das ernste musikalische Drama grundsätzlich nur den *Mythus* gelten lassen. Ich bin weit davon entfernt den Werth des echten Mythus zu verkennen, in dessen übernatürlichen Wundergebilden das Volk zuerst sein innerstes Geistesleben, sein noch fest mit dem Gefühl verwachsenes religiöses Bewusstsein phantasielich vergegenständlicht hat. Soll aber der Mythus, was doch der Zweck der musikalischen Behandlung ist, seinen vollen Eindruck auf das Gemüth nicht verfehlen: so ist dazu erforderlich, dass er wirklich noch im religiösen Glauben der Zuhörer lebe. Wo dies nicht der Fall ist, da lassen die übernatürlichen Wunder uns kalt; ja sie bringen nur zu leicht eine ähnliche Wirkung hervor wie Zaubereien, welche am besten in die komische Oper verwiesen werden. Für die ernste dagegen können wir uns füglich an den *natürlichen Wundern des menschlichen Herzens* genügen lassen. Die in dem geheimnissvollen Urgrunde desselben waltenden Mächte kann auch ohne Zuziehung übernatürlicher Gewalten das musikalische Drama in so gewaltigen Regungen und Wirkungen darstellen, dass wir uns darüber *verwundern* mögen und unser Gemüth aufs tiefste ergriffen, tragisch erschüttert und auferbaut wird. Und hierzu bietet sich reicher und trefflicher Stoff namentlich in der geschichtlichen *Heldensage* dar. Die in dieser auftretenden Menschen vermögen mit ihren Freuden und Leiden ein innigeres und lebhafteres Mitgefühl in uns zu erwecken als die göttlichen oder halbgöttlichen Gestalten einer nicht mehr in unserm lebendigen Glauben wurzelnden mythischen Wunderwelt. Von rein geschichtlichem Stoffe mag Wagner sich nach der Dichtung des *Rienzi* nicht ohne guten Grund abgewandt haben. Dass er aber seinen *Nibelungen* die dem Geiste der Gegenwart entfremdete skandinavische Göttersage zu Grunde gelegt, daran hat er sicherlich nicht wohl gethan. Jedenfalls würde diese Dichtung, sollte sie je auf der Bühne erscheinen, allgemeineren Anklang finden, wenn er sie mehr nach dem deutschen Nationalepos gestaltet und das darin bereits tief in den Hintergrund gedrängte uns unverständliche oder gleichgültige mythische Element vollends daraus verdrängt hätte.

Hinsichtlich der *Gestaltung* des Stoffes aber haben wir an den Dichter eines Operntextes oder — um diesen verrufenen Ausdruck zu vermeiden — eines durchgängig musikalisch auszuführenden Drama's die doppelte Anforderung zu stellen, dass er nicht nur, so weit die Rücksicht auf die Klarheit und den stetigen Zusammenhang in dem auch für die Oper unentbehrlichen Fortschritt der Handlung es irgend gestattet, diese zu einer Reihe von lyrischen, das Gemüth in bestimmter Weise anregenden und beherrschenden Situationen zusammendränge, welche den vollen musikalischen Ausdruck gestatten, ja geradezu verlangen, sondern auch, so weit die unverbrüchlich zu wahrende Einheit der dramatischen Idee es zulässt, die in der Folge der Situationen hervortretenden Stimmungen und Gefühle nach Art und Stärke so wechseln lasse, dass er dem Musiker Gelegenheit gebe die verschiedenen Mittel seiner Kunst möglichst vollständig und zu ihrer vollen Macht zu entfalten. Was endlich die *sprachliche Ausführung* betrifft, so muss er allen Rede- und Bilderschmuck bei Seite lassen, und sich statt dessen einer Ausdrucksweise bedienen, welche möglichst unmittelbar zum Gemüthe spricht, durch Wohllaut einen leichten und gewandten Vortrag befördert und den dem Inhalt entsprechenden musikalischen Rhythmus so weit als möglich vorgebildet enthält.

Bei diesem ganzen Verfahren muss er freilich auf den höchsten Preis, welchen die dramatische Poësie überhaupt erringen kann, Verzicht leisten, indem er sich der vollkommensten Entwicklung der die Handlung durchziehenden, sie vermittelnden oder durch sie hervorgerufenen Gedanken enthält. Will nun ein Musiker ihm diese Zumuthung nicht machen, indem er es für seine höchste und würdigste Aufgabe hält auch dem höchsten poëtischen Inhalt des Drama's durchgehends einen angemessenern und stärkeren Ausdruck zu geben, so mag er die Lösung auf seine Gefahr hin versuchen. Wenn er aber zu diesem Behuf den festen melodischen und harmonischen Bau der mannigfaltigen rein musikalischen Arten und Formen des Gesanges, wie sie zunächst die italienische Oper ausgebildet und in Schwang gebracht hat, in die Luft sprengt; wenn er Arien und ihr verwandte Einzelgesänge Duette Terzette Quartette grössere Ensembles und Chöre aus dem musikalischen Drama verstösst oder doch in den Hintergrund verweist und statt ihrer den zur poëtischen Declamation hinstrebenden Einzelgesang zur Hauptform erhebt und die ganze Breite des Vordergrundes einnehmen lässt: so verdient dies so lange als ein musikalischer Vandalismus bezeichnet zu werden, als der damit verbundene Zweck doch nicht erreicht wird. Und er ist durch die Wagnersche Praxis wenigstens noch nicht erreicht worden.

Soll er wirklich erreicht werden, d. h. soll die dramatische Poësie das Vollkommenste, was sie überhaupt zu leisten vermag, unter Mitwirkung der Musik leisten, so muss diese sich vollends in eine so bescheidene Stellung zurückziehen, wie sie einst im griechischen Drama eingenommen hat. Ich meine damit durchaus nicht, sie solle jenen Sprechgesang oder jene Gesangsprache wieder aufsuchen und herstellen, in welchem die der Sprache von Haus aus eigenen musikalischen Elemente zwar so weit künstlerisch ausgebildet waren, dass der die Dichtung durchdringende Gemüthsinhalt seinen angemessenen und hinlänglich lebhaften Ausdruck erhielt, zugleich aber die logisch grammatischen Elemente der Sprache dermassen unversehrt und in Geltung blieben, dass der specifisch poëtische Geist derselben in der Gesammtdarstellung die die ihm gebührende Herrschaft behauptete. Ein jeder derartige Versuch würde ein verlorener sein. Jener griechische Sprechgesang, der unmittelbar einheitliche Ausdruck des idealen Geistes- und Gemüthsinhaltes, der zugleich empfundenen Vorstellungen und Gedanken, war das organische Erzeugniss des griechischen Geistes, in welchem Gedanke Gefühl und Trieb Ueberzeugung und Neigung noch unmittelbar eins waren, desselben Geistes, welcher sämmtliche Künste noch in ihrer ursprünglichen Einheit umfasste und innigst zusammenhielt. Wir aber, bei denen jene ursprüngliche Einheit des Geistes- und Seelenlebens und der daraus hervorgebildeten Künste längst nicht mehr zu finden ist und höchstens mittelbar wiederhergestellt werden kann, bei denen demzufolge Sprache und Gesang, besonders durch die künstlichste Entwicklung der bei den Griechen hinter den Rhythmus zurückgedrängten Melodie und Harmonie sich so weit von einander entfernt haben, wir können jenen antiken Geist nicht künstlich wieder ins Leben zurückrufen. So weit lässt sich das Rad der Weltgeschichte nicht rückwärts drehen.

Dagegen müssen wir zur Erreichung des fraglichen Zweckes in die altgriechische Bahn in so weit wieder einlenken, dass wir einen Bestandtheil der dramatischen Dichtung und zwar den specifisch poëtischen dem rein declamatorischen Vortrag zurückgeben. Dieser braucht sich freilich nicht nothwendig zu dem Umfang zu erweitern, welchen er bei Sophokles und Euripides erreicht hat, ja wir können ihn wohl noch mehr einschränken und dem Gesang eine weitere Ausdehnung zugestehen, als dies bei Aeschylos der Fall ist. Denn der Gemüthsinhalt der Handlung ist bei uns jedenfalls bedeutender und verlangt einen volleren Ausdruck als bei den Alten. Wohl aber sollte die gesprochene Rede überall da eintreten, wo epische Berichte einleitender oder fortführender (exponirender oder motivirender) Art zur tageshellen Beleuchtung der Handlung unumgänglich nöthig oder Entschlüsse der handelnden Personen gedankenhaft zu begründen und zu entwickeln sind.

Dieser Wechsel der Darstellungsform hat freilich, wie wir früher ausdrücklich geltend gemacht haben, sein Bedenkliches, und die in der sogenannten gemischten Oper beobachtete Praxis hat sich fast durchgängig mehr oder minder gegen die æsthetische Einheit versündigt. Damit ist aber noch nicht bewiesen, dass die betreffende Schwierigkeit nicht in befriedigendem Masse überwunden werden kann, wenn hierauf mehr Sorgfalt verwendet wird, als offenbar bis jetzt der Fall gewesen ist. Dabei hat in erster Linie der *Dichter* dafür zu sorgen, dass *Inhalt* und *Ton* der gesprochenen Rede nicht, wie bisher leider fast durchgängig stattfindet, in einen grellen Contrast treten zu der gehobenen Stimmung der gesungenen Abschnitte des ernsten Drama's. Die Rede muss vielmehr so wesentliche zum Verständniss der Handlung unentbehrliche und interessante Bestandtheile derselben enthalten, dass der Zuhörer ihr seine volle und gespannte Aufmerksamkeit zuwendet, welche ihn den Mangel der Musik gar nicht empfinden lässt. Ebenso hat auch der *Redner* seinem *Vortrag* denjenigen Ernst und Fleiss zuzuwenden, durch welchen allein er ihn zum würdigen Genossen des Gesanges erheben kann. Hiermit ist bereits die Erfüllung der Hauptbedingung des Darstellungswechsels vorbereitet oder erleichtert. Diese besteht in dem angemessenen *Uebergang* von der einen Darstellungsform zur andern, welchen ebenfalls zunächst der Dichter zu ermöglichen, der Tonsetzer unter Mitwirkung der Sänger und Spieler zu bewerkstelligen hat. — Hier hat von allem die Instrumentalmusik den früher bei Gelegenheit des Melodrama's angekündigten Dienst zu leisten, indem sie als Vorspiel oder Nachspiel zwischen Gesang und Declamation eintretend den Wechsel beider Vortragsweisen minder fühlbar macht und, sofern sich mit diesem ein Wechsel der Stimmung und Bewegung des Gemüthes verbindet, aus der einen in die andere hinüberleitet. — Innerhalb der Sphäre der Vocalmusik selbst sind zu gleichem Zweck der declamatorische Gesang und das Recitativ als die Mittelformen zu verwenden, durch welche sich der volle melodiöse Gesang der gesprochenen Rede nähert. — Und da sich, abgesehen von der grösseren Bestimmtheit und Weite der Intervalle, welche wir bestehen lassen müssen, jener von dieser im allgemeinen, wenigstens bei ernstem Inhalt, hauptsächlich durch die längere Zeitdauer der bedeutsamen Vocale, durch höhere und tiefere Stimmlage, durch langsameres Tempo und durch fliessendere Verbindung der Silben desselben Satzes unterscheidet: so wird es zweckmässig sein durch Verminderung dieser Unterschiede den Uebergang vom Singen zum Sprechen und umgekehrt vorzubereiten. Von Seiten der Vocalmusik geschieht dies bereits theilweise durch den recitativen Vortrag, von Seiten der Declamation kann es besonders durch Erhöhung oder Vertiefung der Stimmlage, durch grössere Dehnung und vollere Aussprache der Vocale und durch engeren Anschluss der Wörter an einander bewirkt werden. — Da endlich im allgemeinen der Schluss der Scenen und Acte eine gehobene Stimmung und lebhaftere Bewegung des

Gemüthes verlangt, diese aber im Gesang einen lebendigern und innigern Ausdruck findet als in der gesprochenen Rede: so wird der Wechsel der beiden Vertragsweisen sich am zweckmässigsten und leichtesten durchführen lassen, wenn die Declamation den Act oder die Scene beginnt und der Gesang den Schluss bildet oder dieser zu Anfang und zu Ende eintritt und jene einschliesst.

In welchem Grad und Umfang aber neben der gesprochenen Rede die Vocal- und Instrumentalmusik sich geltend machen und von dem Reichthum und der Mannigfaltigkeit der ihr eigensten und schönsten Formen Gebrauch machen dürfe ohne die specifisch poëtische Wirkung des Drama's im allgemeinen zu beeinträchtigen und ihrer Herrschaft zu berauben: darüber lassen sich nicht wohl bestimmtere Regeln aufstellen. Unerlassliche Forderung bleibt hier vor allem, dass der *Verständlichkeit* des poëtischen Inhaltes durch die Musik kein Abbruch geschehe und dadurch die Beihülfe des Textbüchleins überflüssig gemacht werde. —

Die hiermit gegebenen Andeutungen können freilich keinen Anspruch darauf machen sofort einem Drama Bahn zu brechen, welchem die Musik zur Erreichung des Gipfels aller dramatischen Kunst verhelfen soll. Die Lebenstage dieser Art von Zukunftsdrama liegen wohl noch in nebelgrauer Ferne. Es hat hier nur gegenüber der Unmöglichkeit auf Wagners Wege zu einem solchen Ziele zu gelangen die Möglichkeit der Erreichung desselben in Aussicht gestellt werden sollen.

Wenden wir inzwischen unsern Blick auf das die Gegenwart beherrschende durchgängig musikalisch ausgeführte

Drama zurück, so haben wir vor allem an dem Gedanken festzuhalten, dass der dramatische Dichter, wenn er ernstlich will, allerdings der Musik den beziehungsweise würdigsten und wirksamsten Stoff liefern und ihr zu den herrlichsten Triumphen verhelfen und, wenn er auch diesem Zwecke für den Augenblick seine eigene Krone zum Opfer bringen muss, doch innerhalb dieses bescheidenen Wirkungskreises die Ehre seiner Kunst rein bewahren kann.

Er *kann* es, sage ich. Dass es so selten geschehen ist und geschieht; dass die bisherige Geschichte der Oper in dieser Hinsicht uns im ganzen ein höchst unerquickliches Bild zeigt; dass die Operntexte in weit überwiegender Mehrheit poëtisch werthlos sind; ja dass sie nicht nicht selten als die ärgste Schändung der dramatischen Poësie erscheinen: diese Thatsache ist freilich ebenso wenig zu verwundern als zu läugnen. Dramatische Dichter ersten Ranges geben sich nicht leicht dazu her zu einer reinen Oper den Text zu liefern sondern verfolgen lieber das höchste Ziel ihrer eigenen Kunst. Auch ist gerade *der* Dichter, welcher im gesprochenen Drama das Höchste zu leisten vermag, am meisten der Versuchung ausgesetzt seine poëtische Thätigkeit auf Kosten der musikalischen Interessen zu verselbständigen. Der schwächere Dichter hingegen wird die Schwierigkeiten, welche die Vereinigung der poëtischen Interessen mit den musikalischen in sich schliesst, um so seltener überwinden und um so eher jene diesen aufopfern, je stärker ihn seinerseits der Musiker hierauf hindrängt. Und dies ist nur zu häufig der Fall. Fehlt dem Dichter meistens der Wille oder die Festigkeit in einer der Würde seiner Kunst entsprechenden Weise sich dem Musiker zu freiem Dienste zu widmen, so bewährt dieser ebenso wie der ausführende Sänger nur zu selten die zur angemessenen Ausübung seiner Herrschaft erforderliche Mässigung und Rücksicht auf die Lebensbedingungen und unverbrüchlichen Gesetze der dramatischen Poësie. In schroffem Gegensatze zu dem von Wagner und früher schon von Gluck ausgesprochenen Grundsatz werfen sich Sänger und Componist zum Despoten des Dichters auf und muthen ihm schmähliche Knechtesdienste zu. Nicht genug, dass sie bei der musikalischen Ausführung des ihnen fertig vorliegenden Textes unbekümmert um dessen Sinn und um die Absicht des Dichters nur darauf ausgehen ihre besondere Kunst zu verherrlichen: auch der Dichter soll ihnen unbedingt *nur* dieses Ziel im Auge haben, selbst allen Erfordernissen der dramatischen Poësie zum Trotz. Da wird von vorn herein ohne Rücksicht auf den besondern Charakter und Umfang des dramatischen Stoffes, welchen der musikalische Gewaltherrscher kaum vorher zu wissen verlangt, die Lieferung eines Scenariums und eines Singtextes von bestimmtem Umfang für eine bestimmte Summe bestimmter Musikstücke aller Arten und Formen verlangt, deren Aufeinanderfolge lediglich im musikalischen Interesse festgestellt ist. Um die Composition der Handlung braucht sich der Dichter nicht den Kopf zu zerbrechen; die conventionelle musikalische Architektonik ist hierfür massgebend, jede Abweichung davon behufs angemessener Gliederung des poëtischen Inhaltes unnachsichtlich verpönt. Auch für Charaktere braucht der Dichter nicht zu sorgen. Das musikalische Recept enthält bereits in angemessener und genau zugemessener Anzahl die unveränderlichen

Typen dazu in den verschiedenen Lagen und Klangfarben der menschlichen Stimme. So und so viel Nummern für rach- und eifersüchtigen, wuthschnaubenden oder verzweifelnden hohen Sopran, für zärtlich liebenden mezzo soprano, für resignirenden Alt, für chevaleresken oder blasirten Bariton, für Schmachttenor und für Heldentenor, für Bösewichterbass und für Patriarchenbass — alle diese Ingredienzien theils einzeln geliefert, theils sympathisch oder antipathisch gemischt in einer bestimmten Anzahl von Ensembles und in den Finale's mit Infusion von Chören zu einer Gesammtmixtur verarbeitet —

» so wird der beste Trank gebraut,
der alle Welt erquickt und auferbaut. »

Freilich kann kein Dichter gezwungen werden solchen Vorschriften nachzukommen, und wir dürfen ihm, wenn er sich dazu hergibt, die gute Hälfte der Schuld an dem Verbrechen zuwälzen, welche die Oper am Drama verübt hat. Aber was hilfts? So lange das Publikum sich den dargereichten Trank schmecken lässt, wird es rücksichtslose musikalische Despoten geben und werden diese auch für die Textfabrication Sclaven finden, welche ihren Befehlen gehorchen. Der Löwenantheil an Ruhm und Gewinn fällt ja so wie so dem Musiker zu: was soll der Dichter um des schmalen Brockens willen, der ihm übrig gelassen wird, seine besten Kräfte in Bewegung setzen? Und wenn er dies doch thut und Treffliches zustandebringt: die Musiker, voran der Tonsetzer und hinterdrein die Sänger, machen daraus doch, was ihnen beliebt, entstellen oder vernichten seine besten Absichten: wozu also sich sträuben gegen die unwiderstehliche Zwingherrschaft? Will der Dichter nicht von vorn herein alle Theilnahme an der Opernschöpfung versagen, so fügt er sich lieber unbedingt in die Knechtschaft. Der Fluch der Knechtschaft aber ist wie überhaupt so auch hier Entartung, und so müssen wir es erklärlich finden, dass der poëtische Bestandtheil der Oper im Laufe der Zeit geworden ist, was er grossentheils jetzt noch ist: ein Machwerk ohne durchgreifende Idee von irgend erheblicher Bedeutung, ohne einheitlichen dramatischen Plan, ohne hinlängliche Motivirung und individuelle Charakteristik, ein unorganisches Aggregat oder Mosaïk von unvermittelten und zu fremdem Zwecke gesuchten Situationen, ein Sammelsurium von schablonenartig verfertigten singenden und gesticulirenden Figuren, welche im bittersten Ernst und mit einer bewunderungswürdigen Unbefangenheit nicht selten die ausgesuchtesten Abgeschmacktheiten oder den blühendsten Unsinn zu Tage fördern.

Dass eine solche Verderbniss der Operntexte überhaupt einen tieferen und allgemeineren Grund hat, darauf weist schon die geschichtliche Thatsache hin, dass sie fast überall sehr bald nach Entstehung der Oper eingetreten ist. Martin Opitzens « Dafne », welche als die erste deutsche Oper bezeichnet zu werden pflegt, wurde nach H. Schützens Composition zuerst im Jahr 1627 « musikalisch auf den Schauplatz gebracht », und in den ersten Jahren des achtzehnten Jahrhunderts konnte sich einer der fleissigsten Operntextlieferanten, Barthold Feind, welcher doch selbst kein sonderlich helles poëtisches Licht war (in dem Vorbericht zu seiner Oper Sueno, S. 334) nicht enthalten den Reichthum seiner Zeit an Opern für eine poëtische Armuth zu erklären.

Wo aber einmal der Sinn für poëtische Schönheit des Drama's geschwunden ist und die Gesetze derselben mit Füssen getreten werden, da ist auch sittliche Entartung Gemeinheit Roheit und Schmutz nicht fern. So durfte ein Zeit- und Handwerksgenosse Feinds, Christian Friedrich Hunold, behaupten, dass, wo nicht in allen, doch in den allermeisten Opern, die in Hamburg gegeben worden — und hiermit sind nicht nur die komischen sondern auch die ernsten gemeint — etwas wider Wohlstand Ehrbarkeit und christliche Sitte mit untergelaufen sei. Um uns eine Vorstellung von dem Unfug zu machen, welchen damals die Operndichter sich erlauben durften und das Publikum sich gefallen liess, können wir uns an einer kleinen Probe genügen lassen, welche Riehl in seinen musikalischen Charakterköpfen nach Devrients Bericht anführt. In einer Oper aus der Zeit vor Hasse, welcher seit dem zweiten Viertel des Jahrhunderts blühte, « erhängt sich Judas Ischarioth; der in historischer Treue vorgeschnallte Bauch platzt; die Gedärme des Verräthers kollern auf das Podium; Satan tritt vor, liest sie in einem Korbe zusammen und singt eine Arie dazu. » — Dass wir uns hierbei eben nicht sonderlich rühmen dürfen,

« wie wir's zuletzt so herrlich weit gebracht, »

dafür brauche ich wohl keine Belege beizubringen; sie liegen Ihnen nur zu nahe.

Und doch sind nunmehr schon gegen hundert Jahre verflossen, seit *Gluck* die Grundursache des Verfalls der Oper in der selbstsüchtigen und eiteln Hinwegsetzung der Componisten und Sänger über das poëtische Element des Drama's erkannt und die Wiedereinsetzung der Poësie in die auch in der Oper ihr noch gebührende Würde als Grundsatz seiner dramatischen Tondichtung ausgesprochen hat in der Vorrede zur Alceste, deren Inhalt unseren Zeitgenossen immer noch nicht genug wiederholt werden kann.

« Als ich an die Composition der Alceste ging — so lauten seine Worte — nahm ich mir vor, alle die Missbräuche zu vermeiden, die die übel verstandene Eitelkeit der Sänger und die übermässige Gefälligkeit der Tonsetzer in die italienische Oper eingeführt hatten, und die aus dem prächtigsten und schönsten Schauspiel das langweiligste und lächerlichste machen. *Ich suchte der Musik ihre wahre Stellung wiederzugeben, in der sie bestimmt ist die Dichtung zu unterstützen, den Ausdruck des Gefühls und die Spannung der dramatischen Situation zu steigern*, nicht aber die Handlung zu unterbrechen und durch überflüssigen Zierrat zu erkälten. Ich hielt es für den Beruf der Musik, der Poësie das hinzuzufügen, was eine gut angelegte Zeichnung von der Lebhaftigkeit der Farben und dem richtigen Verhältniss von Licht und Schatten erhält, nämlich die Gestalten zu beleben ohne ihre Umrisse zu verwischen. Ich habe mich also wohl gehütet einen Schauspieler in der Hitze des Dialogs zu unterbrechen um auf ein langweiliges Ritornell zu warten oder ihn inmitten seiner Rede plötzlich auf einem geeigneten Worte halten zu lassen, sei es um in langen Passagen die Beweglichkeit seiner Stimme zu entwickeln oder zu warten, bis das Orchester ihm Zeit gebe Athem zu neuen Fermaten und Cadenzen zu schöpfen. Ebenso wenig habe ich den zweiten Theil einer Arie, wenn er dem Wortinhalte nach wichtiger war, schnell übergehen zu müssen geglaubt um die Worte des ersten Theiles regelmässig viermal zu wiederholen oder auch nach der Arie da zu schliessen, wo der Sinn nicht schliesst, damit nur der Sänger Gelegenheit erhalte zu zeigen, auf wie verschiedene Weise er die Phrase zu singen weiss. Kurz ich habe alle Missbräuche verbannen wollen, gegen die seit langer Zeit Vernunft und Geschmack vergebens angekämpft haben. — — — Ich habe auch noch geglaubt, dass der grösste Theil meiner Arbeit sich darauf beschränken müsste eine schöne Einfachheit zu suchen, und ich habe es wohl vermieden mit Schwierigkeiten auf Kosten der Klarheit Parade zu machen. Ich habe gar keinen Werth auf die Entdeckung irgend einer Neuerung gelegt, wenn sie nicht natürlich durch die Situation gegeben und mit dem Ausdruck verbunden war. »

Es ist fast unbegreiflich und unglaublich, wie diesen klaren und bestimmten Worten gegenüber Wagner (in « Oper und Drama », 2te Auflage, S. 19) hat behaupten können, « die so berühmt gewordene Revolution Glucks » sei nur gegen die Dictatur des Sängers, nicht auch gegen die des Componisten über den Dichter gerichtet gewesen. Es ist um so schwerer zu begreifen, da Wagner selbst kurz vorher (S. 17) die richtige Stellung des Componisten gegenüber dem Dichter als eine nothwendige Folge der Zurückweisung des nur auf Geltendmachung seiner Gesangsfertigkeit ausgehenden Sängers in seine wahren Schranken bezeichnet. « Wäre jener Sänger — so lauten seine Worte — ein wirklicher, ganzer und voller dramatischer Darsteller gewesen » — und das ist es ja eben, was Gluck wollte — so hätte der Componist nothwendig in seine richtige Stellung zum Dichter kommen müssen.

Ob Gluck den von ihm ausgesprochenen Zweck in seiner Praxis wirklich erreicht habe, das ist freilich eine Frage, welche ich nicht zu bejahen wage. Jedenfalls entsprechen seine Opern, wenn auch die einzelnen Tonstücke darin als Ausdruck ihres poëtischen Inhaltes für sich gelten dürfen, als Ganze noch keineswegs der Idee des musikalischen Drama's, in welchem dramatische Poësie und Musik beiderseits zu demjenigen Grade des Werthes und der Geltung gelangen, dessen sie überhaupt in ihrer Verbindung mit einander fähig sind. Aber die in seinem Streben sich kundgebende, den meisten und besonders den neuesten der nachfolgenden Operncomponisten wieder abhanden gekommenen Achtung vor dem poëtischen Elemente des musikalischen Drama's ist die Grundbedingung zur Herstellung eines echten musikalischen Drama's, und diese Wahrheit seiner Zeit aufs neue eingeschärft zu haben und in so fern wenigstens auf den Standpunkt Glucks zurückgegangen zu sein ist das grösste Verdienst Wagners. Es kann freilich auch scheinen, Glucks Ausspruch, die Musik sei «bestimmt die Dichtkunst zu unterstützen», enthalte bereits den Keim zu dem Grundirrthum, durch welchen Wagner auf den sein Streben um den besten Erfolg betrügenden Abweg gerathen ist. Aber indem Gluck die Unterstützung der Poësie näher dahin bestimmt, dass die Musik «den Ausdruck des Gefühls und die Spannung der dramatischen Situation zu steigern» habe, schliesst er die Aufgabe derselben in ihre natürlichen Grenzen ein, innerhalb deren er sie bei aller Einfachheit die ihr eigenthümliche Schönheit entfalten lässt. Wagner dagegen will, dass die Musik der Fortbewegung der Handlung Schritt für Schritt durch alle ihre geistigen Momente hindurch folge und hiermit steckt er ihr — das sei hier schliesslich nochmals hervorgehoben — in Bezug auf die Charakteristik ein Ziel, um dessentwillen er sie vergeblich ihrer eigensten Reize beraubt und sich selbst entfremdet. Den dabei verfolgten Zweck den vollständigen und höchsten Inhalt der dramatischen Poësie zu noch höherer Geltung zu bringen verfehlt er übrigens um so mehr und er tritt mit sich selbst in desto grelleren Widerspruch, da er nur zu häufig in den von Gluck ausdrücklich gerügten Fehler verfällt « mit Schwierigkeiten auf Kosten der Klarheit Parade zu machen » und ausser der Orchestermusik auch noch die sichtbar darstellenden theatralischen Künste: Massenhandlung Tanz pomphafte Aufzüge Costüm Decorationsmalerei und Maschinerie in möglichst effectvoller Weise an der Aufführung des musikalischen Drama's theilnehmen lässt. So leistet er, der Vorkämpfer und Schutzherr der Poësie im Drama, gerade demjenigen von ihm selbst gerügten Fehler Vorschub, welcher dem Drama überhaupt und der Oper insbesondere von jeher das grösste Verderben gebracht hat, der *Uebermacht des Sinnenreizes über den Geistesreiz.* —

5. *Die Tanzkunst. Das dramatische Ballet.*

Unter allen sichtbar darstellenden Künsten ist es der *Tanz*, welcher sich als eine rhythmisch geregelte Reihenfolge von Körperbewegungen oder — um mit Vischer zu reden — als « eine ins Sichtbare übersetzte Musik » in der Oper wie überall der Musik am natürlichsten und engsten anschliesst. Die Musik erweckt oft bis zur

Unwiderstehlichkeit den Drang nach körperlichen Bewegungen, welche dann von selbst dem in ihr waltenden Rhythmus folgen, und umgekehrt erweckt die Tanzlust das Verlangen nach Unterstützung des sichtbaren Rhythmus der Körperbewegungen durch rhythmische Töne. Diese Wechselwirkung entspricht ganz dem gemeinsamen Ursprung beider Künste, welcher in nichts anderem liegt als in dem natürlichen organischen Drange nach einer rhythmisch geregelten leiblichen Aeusserung unseres Seelenlebens. Vorgebildet in den regelmässigen Athemzügen und Pulsschlägen des gesunden Menschen erweckt der hörbar im Gesang und sichtbar im Tanz erscheinende Rhythmus zunächst ein sinnliches Lustgefühl, befriedigt aber zugleich den Schönheitssinn, und der letztere wird sich um so vollkommener bethätigen, wenn es ideale Stimmungen und Gefühle sind, welche sich im Tanze wie im Gesang ausdrücken. Mit dem Rhythmus verbindet sich im Gesang die Melodie und Harmonie der Töne, im Tanze die Symmetrie und Proportionalität der körperlichen Bewegungsformen. Lustgefühl und Schönheitssinn aber erhalten beide noch einen mächtigen Hebel in dem Geselligkeits- und Mittheilungstriebe. Die Freude wird gesteigert, der Schmerz gelindert, wenn wir sie durch ihre Aeusserungen zugleich anderen Menschen mittheilen; die Schönheit will sich vor der Welt zeigen und das Wohlgefallen, welches sie erregt, reizt zur Vervollkommnung. So wird das Lustgefühl erhöht, wenn ein freudiger Anlass mehrere Personen, vor allem wenn die Liebe beide Geschlechter zum Tanze vereinigt, und das Bestreben der Tanzenden ihren Stellungen und Bewegungen Schönheit und Anmuth zu verleihen belebt sich beim Anblick eines aufmerksamen

Zuschauerkreises. Ebendeshalb aber ist der gesellige Tanz der Gefahr ausgesetzt, dass das Uebergewicht des zum gemeinen Sinnenkitzel verderbten Lustgefühls den Schönheitssinn abschwäche, wie er sich denn gerade bei uns heutzutage durch eine klägliche Armuth an schönen Formen auszeichnet, und hinwieder verleitet ein übermässiges Verlangen nach Befriedigung der Zuschauer nur zu leicht zur Erkünstelung seelenloser Formen. In beiden Fällen, mögen die Tanzenden oder die Zuschauenden es sein, auf deren Vergnügung er einseitig oder ausschliesslich abzielt, verfehlt der Tanz das höchste künstlerische Ziel, welches er zu erreichen vermag. Seine æsthetische Vollkommenheit ist bedingt durch die innigste Verbindung der sinnlichen Formenschönheit mit dem Ausdruck idealen Seelenlebens. Erst durch den Hinzutritt des letzteren gewinnt der Tanz Anspruch auf den Namen einer Kunst im strengeren Sinne; ohne ihn bleibt er eine blosse Fertigkeit.

Der ausdrucksvolle, charakteristische Tanz pflegt daher, wenn er auch von Seiten der sichtbaren Formschönheit, mit künstlerischem Bewusstsein ausgebildet ist, im Gegensatze zu der seelenlosen, nur auf Augenreiz berechneten Tanz-Virtuosität und dem nur der geselligen oder gemein sinnlichen Vergnügung dienenden Balltanze als *höhere Tanzkunst* bezeichnet zu werden. In ihm lassen sich wieder manche Stufen Arten und Formen unterscheiden, von welchen wir hier nur die hauptsächlichsten anzuführen haben. Der Tanz drückt entweder die dem Tänzer selbst eigenen, gleichzeitig in ihm lebenden Gefühle und Triebe aus, oder er stellt fremdes Seelenleben nachahmend dar. Jenes findet nicht selten, namentlich bei Nationaltänzen, sofern sie nicht bloss nachgeahmt sind, auch ohne bestimmte künstlerische Absicht statt und alsdann können wir wie bei der Musik und der Poësie so auch beim Tanze von einer naiven Kunst reden, welche sich durch die dem unmittelbaren und unwillkürlichen Ausdruck innerer Zustände und Vorgänge überhaupt eigene Frische und Lebendigkeit auszeichnet, von Seiten der formalen Schönheit aber immer mit gewissen Mängeln behaftet sein wird. Dagegen setzt die nachahmende Darstellung fremder Stimmungen Gefühle und Triebe, zu deren Erweckung in seiner eigenen Seele der Tänzer des Beistandes der Phantasie bedarf, immer künstlerische Bildung und Absicht voraus, durch welche wie jede andere Kunst so auch der Tanz erst zu seinen vollkommensten Leistungen befähigt wird. — Diese nachahmende höhere Tanzkunst aber scheidet sich wieder in eine *lyrische* und eine *dramatische*, je nachdem sie nur bestimmte einzelne Zustände und Bewegungen des Gemüthes oder eine zusammenhangende Folge derselben in Verbindung mit einer auch äusserlich sich vollziehenden Handlung darstellen will. Als Stoff zu der letzteren Art boten sich von jeher zunächst die verschiedenen ländlichen Verrichtungen, vor allem die Weinlese, sowie auch kriegerische Kämpfe dar; in den bei Besprechung der Pantomime bereits erwähnten griechischen Tänzen, welche den Namen Hyporchemen führten, wurden die Thaten und Leiden des Apollon dargestellt, und diesen ähnlich waren wohl auch die Tänze der alten Aegyptier, welche in hieroglyphischen Figuren einen religiösen Inhalt darstellten.

Alle diese verschiedenen Arten des Tanzes, selbst die naive nicht ausgenommen, haben auf der dramatischen Schaubühne Aufnahme gefunden, die einen um zu dienen, die anderen um zu herrschen. Gefahrlosen und willkommenen Dienst kann der Tanz bei der Aufführung des Drama's leisten, wenn er nur schnell vorübergehend und vereinzelt auftritt und in natürlicher Weise sich in die Handlung einfügt, ganz ungesucht aus ihr hervorgegangen erscheint. So lässt der Tanz der Soldaten in Wallensteins Lager die Herrschaft der Poësie, der Tanz der Bauern im Freischütz und selbst der aus Menuet Française und Walzer kunstvoll zusammengeschlungene Tanz in Don Juan die Herrschaft der Musik unangefochten; denn das sind nur ganz untergeordnete Bestandtheile der Handlung selbst, welche durchaus kein selbständiges und dauerndes Interesse beanspruchen. Dem Zweck und Wesen der Oper besonders können solche vereinzelte Tänze um so mehr entsprechen, da sie dem Musiker Gelegenheit geben durch Anwendung einfacher leicht fasslicher und dem Ohre in eigenthümlicher Weise sich einschmeichelnden Melodieen und Rhythmen die Formen seiner Kunst vollständiger und in reicherem Wechsel zur Anwendung zu bringen.

Ein æsthetisches Bedenken aber erregt der Tanz im Drama bereits dann, wenn er, ohne als organisches Glied der dramatischen Handlung anzugehören, wiederholt und regelmässig in bestimmten Zwischenräumen, namentlich zu Anfang und zu Ende, als Intermezzo zwischen den Acten oder innerhalb eines jeden Actes eintritt. Durch das Heraustreten aus dem Organismus der eigentlichen Handlung in eine blosse Beziehung zur Handlung sowie durch die häufige Wiederkehr gewinnt er schon eine gewisse Selbständigkeit und Wirksamkeit, durch welche die Einheit des Eindruckes gefährdet wird. Am meisten wird dies der Fall sein bei allegorischen Tänzen, welche zum Nachdenken über eine durch Verstand und Witz in sie hineingeschobene und wieder aus ihnen herauszusuchende Bedeutung auffordern. Und wenn wir früher schon die zudringliche Einmischung des Gesanges oder der Instrumentalmusik oder beider in den declamatorischen Vortrag des Drama's zu missbilligen hatten, so müssen wir um so mehr diejenigen Mischstücke verwerfen, in welchen zu diesen drei Darstellungsweisen noch der Tanz als vierte hinzutritt und demgemäss auch die Verschiedenheit der Bestandtheile des Inhaltes sich bis zur Buntscheckigkeit und zum Wirrwar steigert, wie dies namentlich in den meisten Balleten des sechszehnten und siebzehnten und auch noch der ersten Hälfte des achtzehnten Jahrhunderts der Fall ist.

Es kehrt hier wesentlich dasselbe Missverhältniss wieder, welches wir bei dem Streben der Mimik und der Musik nach Verselbständigung gegenüber dem poëtischen Elemente des Drama's gerügt, und dieselbe Forderung, welche wir zur Aufhebung desselben aufgestellt haben. Ist einmal der Tanz so weit in den Vordergrund der Bühne gerückt, dass er die Einheit der Darstellung und des Inhaltes der Handlung aufhebt: so möge er auch ihre ganze Breite einnehmen. Wenn er statt sich zwischen die declamatorisch musikalischen Bestandtheile einer dramatischen Dichtung störend einzudrängen das gesprochene oder gesungene Wort ganz verdrängt und an dessen Stelle, nur von der Scenerie unterstützt, die durchgängige Darstellung der Handlung übernimmt : so ist wenigstens die *Einheit der Darstellung* wiedergewonnen. Auch erhebt sich die Tanzkunst für sich, indem sie diese Aufgabe zu lösen sucht, erst zu ihren bedeutendsten Leistungen und zum Gipfel ihres Kunstwerthes.

Aber was für sie als besondere Kunst ein Gewinn ist, das muss vom Standpunkt des dramatischen Kunstvereins aus als eine bedeutende Einbusse erscheinen. Das aus dem Singspiel und der Oper hervorgegangene *dramatische Ballet*, wie es besonders bei den Franzosen seit der Mitte des vorigen Jahrhunderts nach seiner praktischen und theoretischen Begründung durch Jean Georges Noverre gepflegt und ausgebildet und zunächst durch ihn selbst auch nach Deutschland und England verpflanzt worden ist, leidet von vorn herein wesentlich an denselben Mängeln und Fehlern und ist denselben Gefahren ausgesetzt und wirklich erlegen wie seiner Zeit die durch Verselbständigung der Mimik entstandene griechisch römische Pantomime. Die selbst der freien, vom strengen Rhythmus der begleitenden Musik entbundenen Pantomime als Grundübel anhaftende Unzulänglichkeit des unmittelbaren, rein künstlerischen Ausdruckes gerade derjenigen Momente, durch welche die dramatische Handlung ihren höchsten geistigen Werth erhält, steigert sich beim Ballet zur Armuth Dürftigkeit und Leerheit in demselben Masse, in welchem sich das rhythmische Moment über das mimische erhebt. Bei der an die musikalische Begleitung sich anschliessenden strengeren Gesetzmässigkeit der Körperbewegungen und der Hervordrängung des Gliederspiels vor das Mienenspiel ist der Tanz vollends nicht im Stande den stetigen Zusammenhang, die allmählichen Uebergänge und den mannigfaltigen Wechsel der Gedanken- und Gemüthsbewegungen selbstverständlich zur Erscheinung zu bringen und die Charaktere der handelnden Personen zu individualisiren; ja er vermag nicht einmal die aus den inneren Vorgängen sich erzeugenden oder auf sie zurückwirkenden äusseren Thaten treu und natürlich darzustellen. Seine Charakteristik trägt ähnlich der der Musik, wenn auch nicht in gleichem Grade, das Gepräge der Allgemeinheit und Unbestimmtheit, und an die Stelle der unmittelbaren Lebendigkeit, der organischen Verkörperung des Geistes tritt nur zu häufig als Nothbehelf die bloss allegorische Verbildlichung oder das noch willkürlichere und an sich nichtssagende conventionelle Zeichen. Deshalb hat sich denn auch das moderne dramatische Ballet genöthigt gesehen gerade für die Darstellung der eigentlichsten dramatischen Bestandtheile der Handlung zu dem streng rhythmisch geregelten Chor- und Einzeltanz noch die freie, zwar von der Musik begleitete aber nicht an ihren Rhythmus gebundene Pantomime hinzuzunehmen. Und trotz dieser Aushülfe ist es noch genöthigt sich in der Wahl der dramatischen Stoffe aufs äusserste zu beschränken. Sind diese nicht ganz einfach fasslich und von vorn herein allbekannt, so muss mit einem der reinen Kunst ganz fremden Kalbe gepflügt und zum Verständniss der Darstellung das in der Regel vom Balletmeister selbst verfertigte Noth- und Hülfsbüchlein zur Hand genommen werden. Dieses Bedürfniss trat in Deutschland schon bei den älteren Tanzspielen vor Beginn des siebzehnten Jahrhunderts hervor. Die Dichter derselben -- wenn dieser Name gestattet ist — setzten, wie der gelehrte Morhof (in seinem Unterricht von der deutschen Sprache und Poësie 1682, S. 670 ff.) berichtet, für die einzelnen Personen des Stückes «etliche kurze sinnreiche Verse auf, welche von den Zuschauern gelesen wurden.» Eine solche Lectur vorher zu absolviren konnte damals und kann auch heute noch niemanden zugemuthet werden: denn leicht -begreiflicher Weise haben die Verfasser der Tanztexte insgemein zur Erstellung eines werthvollen poëtischen Kunstwerkes noch weniger Lust oder Fähigkeit als die Dichter der Operntexte. Die zerstreuende und anstrengende Einmischung der Lectur in die Anschauung des Ballets aber kann den Genuss derselben natürlich nur beeinträchtigen.

Anderseits wirkt das Vorhandensein des Textbüchleins nur zu leicht verschlechternd auf den höheren Kunstwerth der Tanzvorstellung selbst zurück. Denn der Gedanke, dass durch dessen Hülfe der Inhalt der Handlung dem Zuschauer schon verständlich gemacht werde, verleitet den Tänzer um so eher, seine höchste und zugleich schwierigste Aufgabe zu vernachlässigen und seine Anstrengung und Sorgfalt vorzugsweise der bloss sichtbaren, formalen Schönheit der Körperbewegungen und Stellungen zuzuwenden. Und auch diese hat hiervon am Ende mehr Verlust als Gewinn zu erwarten. Das echte Genie fährt nicht so leicht in die Beine, und die gemeine Buhlerei um die Gunst eines ebenso wenig genialen Publicums findet ihre Rechnung dabei an die Stelle des Schönen das Schwierige zu setzen. So kommt es denn, dass uns das Ballet statt wahrer Künstler gewöhnlich nur Virtuosen zeigt, welche zu Allerhöchstem Staunen und Entzücken ihre Bravourpartieen executiren, d. h. statt seelenvoller anmuthiger Mienen Blicke und Gebärden seiltänzerische Sprünge halsbrechende Stellungen und haarsträubende Gliederverrenkungen zum besten geben. «Soll durch diese jetzt bis zum Extrem des Sinnlosen und der Geistesarmuth verirrte blosse Fertigkeit — so äussert sich Hegel in seiner

Aesthetik (B. III, S. 524) — noch ein geistiger Ausdruck hindurchscheinen: so gehört dazu nach vollständiger Besiegung sämmtlicher technischer Schwierigkeiten ein Mass und Seelenwohllaut der Bewegung, eine Freiheit und Grazie, die von höchster Seltenheit ist. »

Ist aber einmal das Ballet seiner dramatischen Aufgabe entfremdet und nicht nur seines höheren Kunstwerthes sondern auch der reinen Schönheit der sichtbaren Form verlustig, so wird auch die sittliche Entartung nicht lange ausbleiben. Den Mangel an Schönheit muss ein entgeisteter, gegenüber der Gewöhnung an anständige Bekleidung um so stärkerer Sinnenreiz ersetzen, welcher nur Ekel Scham und Entrüstung oder frivoles Gelüste hervorrufen kann. Und das letztere gewinnt nur zu leicht die Uebermacht; die Räume des Theaters werden ihm zu enge und es trägt seine Nacktheit frech im Gesellschaftssaal und auf der Gasse zu Schau.

So laufen, wie ich schon bei der Besprechung der römischen Pantomime ankündigte, die Abwege, auf welche einerseits die Mimik anderseits die Musik durch das Streben nach Verselbständigung und Herrschaft über die Poësie das Drama fortreisst, wieder in einem Punkte zusammen, von welchem aus die Entartung der Bühne sich rasch und unaufhaltsam vollendet.

6. Costüm. Malerei. Mechanik.

Hat die Pantomime oder das Ballet das poëtische Wort ganz von der Bühne verdrängt und das überwiegende Interesse des Zuschauers der Aussenseite der dramatischen Handlung zugewendet, so zieht dies ganz natürlich auch eine *übermässige oder verkehrte Anwendung aller übrigen sichtbar darstellenden Künste und Mittel* nach sich.

XI.

Dass übrigens die Gefahr dieses Missverhältnisses, durch welches die Einheit der Darstellung verloren geht und das Drama von Seiten des Inhaltes vollends entwerthet wird, schon vor der gänzlichen Unterdrückung des Wortes mit der Ueberwältigung desselben durch den Gesang und die Instrumentalmusik anhebt, womit die Herrschaft des Gefühls über den Gedanken Hand in Hand geht: davon gibt die Geschichte hinlängliches Zeugniss. Schon in den älteren Singspielen oder Opern, wie sie seit Opitzens Dafne nach italienischem Vorbilde während des siebzehnten Jahrhunderts in Deutschland immer mehr in Schwang kamen, wurden Tanzkunst Costüm Decorationsmalerei Architektur und Mechanik sehr bald nicht etwa als untergeordnete Zuthaten und Mittel zur Hebung der Musik und Poësie verwendet: alle diese Künste, sowohl sichtbar als hörbar darstellende, sollten mit einander zur Erzielung einer möglichst starken Zusammenwirkung wetteifern und sich *gegenseitig* unterstützen. Bei diesem falschen Grundsatz konnte es um so weniger ausbleiben, dass jene über diese das Uebergewicht erhielten, da die Aufführung solcher Stücke von Anbeginn zur Verherrlichung glänzender Feste bestimmt war. Es ist bedeutungsvoll, dass gleich das älteste, Opitzens Dafne, 1627 zu Torgau bei der Vermählung einer sächsischen Prinzessin zum erstenmal aufgeführt wurde. Von den Fürstenhöfen aus fanden ähnliche Festspiele bald in den wohlhabenden Städten als Mittel zu rauschender Belustigung und frivoler Zerstreuung Eingang, und so verfolgte die Oper diesen Zweck fernerhin auch da, wo sie nicht durch eine bestimmte festliche Gelegenheit hervorgerufen war. Die ganze Darstellung lief auf ein sinnberauschendes

Schaugepränge hinaus, für welches auch der bedeutendste Geldaufwand nicht gescheut wurde. So kostete eine den Tempel Salomons darstellende Decoration der im J. 1678 gestifteten hamburger Opernbühne 15,000 Thaler (B. Feinds Gedanken von der Opera 1708. S. 111). Es versteht sich von selbst, dass ebenso wie der Geldbeutel des Unternehmers auch die Feder des Textlieferanten solchem Unfug sich fügen musste. Die von Neumeister verfasste und 1707 von Menantes (Hunold) « ans Licht gestellte allerneueste Art zur reinen und galanten Poësie zu gelangen » enthält buchstäblich folgende Vorschrift: « In einer Hauptopera soll das Theatrum zum längsten in einer halben Stunde eine neue Veränderung haben, damit die Zuschauer immer mit etwas Anderem mögen divertieret werden, wonach sich denn der Poët in der Elaboration richten muss. »

Mit der Zeit gesellte sich zu der durch die Prunksucht herbeigeführten noch eine andere ebenso unkünstlerische Art von Verschwendung, welche noch heutzutage sich fortsetzt: ich meine diejenige, welche aus dem verkehrten Streben nach gemein sinnlicher Illusion entspringt. Alle sichtbaren Gegenstände sollen auf der Bühne mit der äussersten Genauigkeit der Natur oder der Geschichte nachgebildet sein. Da genügt es nicht, dass Kleidung Waffen und Geräthe im allgemeinen dem Charakter einer bestimmten Zeit und Nation entsprechen: bis auf die kleinsten Bestandtheile und Nebendinge soll alles mit den geschichtlichen Culturformen übereinstimmen; Landschaften und Gebäude müssen an Ort und Stelle sclavisch treu nach den Originalien copirt werden um auf der Bühne von den Kundigen im ersten Augenblicke wiedererkannt zu werden. Das heisst Zeit Mühe und Geld nicht nur unnütz sondern geradezu dem echten Kunstzwecke zuwider verwenden. An die Stelle der den Kern einer idealen Erscheinung bildenden Wahrheit tritt als Gegenstand des Interesses die unmittelbare nicht mit æsthetischer Absicht sondern unter dem Einfluss störender Zufälligkeiten erzeugte und gestaltete Wirklichkeit. Der Rohstoff, nicht die Idee ist massgebend. Und selbst wenn der Zufall dem künstlerischen Interesse sich günstig zeigt; wenn das copirte Original wirklich schön ist, wird die unfreie in realistischem Sinn übertriebene und auffallende Treue der Nachahmung für den wahren æsthetischen Genuss nicht minder störend als auffallende Verstösse gegen die natürliche oder geschichtliche Wirklichkeit. Denn jene sowohl als diese fordern zur Vergleichung und Kritik heraus und so stören binden und lähmen sie das freie Spiel der Phantasie durch den Zudrang der heraufbeschworenen Verstandesthätigkeit.

Das gefährlichere Uebel aber, dasjenige, durch welches die dramatische Bühne dem äussersten Verderben und dem schmachvollsten Untergang zugetrieben wird, bleibt immer die den Geist übertäubende und jedes tiefere und edlere Gefühl verdrängende, die dramatische Handlung aushöhlende und zuletzt ganz verdrängende Ueberreizung der Sinnlichkeit.

7. *Reihenfolge in der Entartung des dramatischen Theaters.*

Ich mag Sie, m. H., am Schlusse meiner Vorlesungen nicht noch mit einer einlässlichen Schilderung des ärgsten theatralischen Unfugs behelligen; dies wäre ebenso überflüssig als widerwärtig. Ich will nur noch kurz auf die Reihenfolge der Entartungen des dramatischen Theaters zurückweisen und Sie darauf aufmerksam machen, wie mit unabwendbarer Consequenz die Nemesis nach einander alle theatralischen Künste erreicht, wenn sie, um ihre Abtrünnigkeit von der Idee des echten Drama's und dem letzten höchsten Zwecke der theatralischen Darstellung zu beschönigen, die Sinne zum Kampfe gegen den Geist aufreizen und in dieser Absicht sich unter den anderen Künsten Diener oder Bundesgenossen suchen. Die in dem theatralischen Kunststaate ausgebrochene æsthetische Revolution pflegt ebenso unbarmherzig wie eine politische ihre eigenen Kinder zu verschlingen.

Der *Mime*, der seine nur zur ausführenden Darstellung der dramatischen Handlung bestimmte Kunst über die Kunst, welcher diese Handlung ihren Ursprung verdankt, über die Poësie zu erheben trachtet und durch übermässige Anwendung des gröberen Mittels der sichtbaren Action eine stärkere Wirkung erzielt als durch den hörbaren Vortrag des Dichterwortes, ist der Vorläufer und Fürsprecher des *Pantomimen*, welcher ihm zum Danke das Wort abschneidet und ihn von der Bühne vertreibt. Der *Operncomponist*, um zunächst die Formen seiner Kunst vollständiger und in entsprechendem Wechsel zu entfalten, dann aber auch, um durch Verstärkung des Sinnenreizes die Herabwürdigung des Dichters zu seinem Sklaven leichter zu decken und vergessen zu machen, nimmt den Beistand des *Balletmeisters* in Anspruch, und dieser lohnt ihm die zuvorkommende Einführung ins Theater damit, dass er seinen Sängern den Mund schliesst und ihn selbst zwingt das zum Tactstab umgeformte Scepter des Dichters lediglich im Dienste der Tänzer zu gebrauchen. Der Tänzer verlangt nicht nur zur æsthetisch vortheilhafteren Hervorhebung seiner Körperformen sondern auch zur Steigerung des Sinnenkitzels, welcher das verlorene Interesse an dem Inhalt der Handlung ersetzen muss, nach möglichst auffallendem Kleiderschmuck.

» Da ruft er seinen *Schneider*,
Der Schneider kommt heran, «

und in seiner Hand verwandelt sich der theatralische Herrscherstab in eine Elle. Zugleich mit ihm aber kommen der *Decorationsmaler*, der *Maschinist* und der *Réquisiteur* zur Gewalt, und nun beginnt eine Pöbel- und Schreckensherrschaft, welche zu ihrer Sicherung zuletzt noch zu dressirten *Bestien* ihre Zuflucht nimmt. Die Bühne kommt auf den Hund — des Aubry, bei dessen Knurren und Zähnefletschen einem Goethe nichts anderes als Flucht von der Stätte seiner langjährigen gesegneten Kunstthätigkeit übrig bleibt. Heutzutage scheinen die Directoren und Intendanten der Theater weniger Abscheu oder Entsetzen vor der Brutalität zu empfinden. Die Ziege einer Esmeralda oder Dinorah ist freilich auch ein zahmeres Thier.

Wer aber einmal solche wüste Geister heraufbeschworen hat, der mag auch zusehen, wie er sie wieder los wird. Die mechanisch bewegte Materie oder das zum Kunstdienst gepresste Thier, als ob es eine Ahnung des mit ihm getriebenen Missbrauches hätte, spielt gern dem theatralischen Drillmeister einen Streich, welcher ihm den ganzen mit ausserordentlichen Mühen und Kosten erzielten

Erfolg verdirbt. Welch ein Aergerniss, wenn die theure Prophetensonne, der hellste Glanzpunkt der modernen Oper, nicht stark genug blenden will; wenn ein Wasserfall inmitten sommerlichen Grüns einfriert; wenn das Feuerrad oder der Brillantregen die Katastrophe schlecht spielt; wenn der Strick reisst, an welchem die Fee in ihrem Zauberwagen entführt werden soll oder dieser sammt seinem erhabenen Inhalt in den Soffiten hängen bleibt, oder wenn gar Fernando Cortez' Leibross allerhöchstem Verbote zum Trotz extemporirt!

Soll ich endlich noch von der Verwandlung des Schauplatzes in ein Schlachtfeld für Thiere und Menschen, von den Stiergefechten der Spanier und den Gladiatorenkämpfen in den römischen Cirken und Amphitheatern reden? Glücklicher Weise habe ich diese Erscheinungen nicht als eine Entartung der dramatischen Kunst sondern als das natürliche Erzeugniss allgemeiner Sittenverderbniss oder nationaler Roheit zu bezeichnen. Das aber ist nicht in Abrede zu stellen, dass die in ihnen hervorbrechende brutale Natur und die in sinnliches Raffinement ausgeartete Theatercultur zwei einander berührende Extreme sind. Die Zeit der blutigsten und rohesten Gladiatorenkämpfe war zugleich die Zeit der ausschweifendsten Pantomimen und der noch zügelloseren und liederlichern Juvenalien, an welchen auf die Einladung oder den Befehl ihres Stifters Nero gerade die vornehmsten römischen Herren und Damen als Spieler oder Zuschauer theilnahmen. «Von da an — so berichtet uns der edle Tacitus — nahm schmachvolles und schandbares Leben immer mehr überhand, und keine Zusammenrottung hat in die längst verdorbenen Sitten mehr Ausschweifungen hineingebracht als diese. Wird kaum durch sittlich gute Bestrebungen das Schamgefühl wach gehalten: wie sollte bei einem Wettkampf von Lastern Keuschheit Mässigung oder irgend noch ein Rest guter Sitte bewahrt werden?» — Dürfen wir gegenüber einer so verderblichen Entartung der Bühnenkünste die Gladiatorenkämpfe eine noch empörendere Schande der Menschheit nennen? Sind doch Wollust und Grausamkeit mit einander aufs innigste verwandt.

Man werfe uns hier nicht die Frage entgegen: «Was soll *uns* noch die Hinweisung auf so veraltete Thatsachen? Das ist Windmühlengefecht! Eine Wiederkehr jener Gladiatorenkämpfe wenigstens haben wir im neunzehnten Jahrhundert der christlichen Zeitrechnung doch nicht zu befürchten.» — Hoffentlich nicht. Aber jene Thatsachen sollten uns um so eindringlicher warnen vor der ersten Abweichung von den in unseren Vorlesungen erörterten Grundgesetzen des dramatischen Kunstvereins, zumal in einer Zeit, wo unter anderen theatralischen Auswüchsen ein vor allem auf Sinnenkitzel und Sinnenrausch berechnetes Ballet und Musikdrama wuchert. Heben wir daher die Gefahren und *Grundfehler*, welche auch der modernen Bühne verderblich geworden sind und noch ferner Verderben drohen sowie die unerlasslichen *Grundbedingungen ihrer Heilung, so weit sie innerhalb des æsthetischen Gebietes liegen*, zum Schluss noch einmal in kurzen Worten hervor.

Schluss.

Als die folgenreichsten Grundfehler erkannten wir

1) die Abwendung und Losreissung der dramatischen Poësie von der Bühne;

2) das Streben der zur gemeinsamen theatralischen Ausführung der dramatischen Dichtung bestimmten Künste sich über diese ihre gemeinsame und rechtmässige Gebieterin die Herrschaft anzueignen, welches, consequent verfolgt, zuletzt zu ihrer gänzlichen Verdrängung von der Bühne führt und diese zum Tummelplatz entgeisteter, æsthetisch und moralisch verwerflicher Sinnlichkeit macht;

3) das hiermit enge zusammenhangende und zu demselben Ende führende Streben der die Darstellung ausführenden Künste sich gegen einander zu verselbständigen und sich einzeln für sich geltend zu machen.

Einen grossen Theil der Schuld an diesen Fehlern tragen allgemeine, ausserhalb des æsthetischen Gebietes liegende Zustände und Verhältnisse, deren Besprechung über den Zweck unserer Vorlesungen hinausgeht. Ein innerer Grund des hartnäckigen Fortbestehens dieser sämmtlichen Fehler und der Schwierigkeit sie zu entfernen liegt in einem gewissen gegenseitigen Causalnexus derselben. Der zuerst angeführte Uebelstand, das Ueberhandnehmen dramatischer Lesestücke erklärt sich zum Theil aus dem Vorhandensein der beiden letzteren Fehler, und hinwieder wird diesen Vorschub geleistet oder Vorwand geliehen durch das Vorhandensein des ersteren, durch die Entziehung bedeutender poëtischer Kräfte. Der dritte unter den genannten Fehlern aber wird gefördert und bemäntelt durch die theoretische Fiction eines dem Grundwesen der Kunst überhaupt widersprechenden Universalkunstwerkes, welches durch den allgemeinen Wetteifer, die *gegenseitige* Unterstützung aller zum dramatisch theatralischen Kunstverein gehörigen Künste zustandezubringen sei.

Als æsthetische Hauptbedingungen zur Heilung der verdorbenen Bühnenzustände und zur Verwirklichung des echten dramatischen Kunstideals ergeben sich hiernach:

1) Der unverwandte Hinblick des dramatischen Dichters auf die Schaubühne als die Stätte, von welcher die dramatische Poësie ausgegangen ist und auf welcher sie erst ins volle, sinnlich-geistige Leben eintreten und sich zum vollkommensten grossartigsten und wirksamsten Kunstwerk ausbilden soll;

2) Die aufrichtige und lebendige Anerkennung der geistigen Innenseite als des würdigsten und wesentlichsten Bestandtheiles, ohne welchen der Gegenstand der Darstellung gar keinen Anspruch auf den Namen einer dramatischen Handlung hat, das durchgängige und gewissenhafte Streben sämmtlicher im dramatischen Theater zusammenwirkenden Künste alle sinnlichen Momente der Darstellung, sichtbare wie hörbare, dem idealen Gehalte der Handlung dienstbar zu machen, sie zum Ausdruck desselben zu gestalten, m. a. W. der charakteristischen Schönheit als dem höchsten Ziele die formale unterzuordnen;

3) Die strenge Unterordnung aller Glieder des dramatischen Kunstvereins unter die Herrschaft einer einzigen Kunst.

Durch die Erfüllung dieser letzteren Bedingung ist freilich zunächst nur dem formalen Gesetze der aesthetischen Einheit genügt. Der materielle Werth, der Rang der verschiedenen dem dramatischen Theater zugehörigen Kunstarten von Seiten des Inhaltes hangt davon ab, in welchem Umfang und auf welcher Stufe der Geistigkeit die jeweilen zur Herrschaft bestimmte Kunst die Innenseite der Handlung mit ihren eigenen Mitteln darzustellen vermag.

Mit Rücksicht hierauf gebührt der erste Rang unwidersprechlich der Poësie, welche allein den Inhalt einer idealen Handlung erschöpfend, nach ihrem vollen Umfang und bis zur höchsten geistigen Stufe hinauf durch die Wortsprache auszudrücken vermag.

Dies gelingt ihr am vollkommensten und sichersten, wenn sie den hörbaren Theil der Darstellung der *Rede* des Mimen anvertraut, welche ohne irgend ein anderes Moment der Handlung auszuschliessen die Herrschaft des Gedankens aufrecht erhält.

Das zweite Anrecht auf die Herrschaft müssen wir dem *Gesang* zuerkennen, welcher in der *Instrumentalmusik* eine angemessene Stütze findet. Diese immerhin noch ehrenvolle Stelle in der Reihe der dramatischen Kunstwerke dürfen wir dem durchgängig musikalisch ausgeführten Drama nicht versagen, so lange die Musik über ihrer besonderen Aufgabe, dem künstlerisch vollkommensten Ausdruck der die Handlung durchziehenden Gefühle und Stimmungen, den allgemeinen Zweck des Drama's nicht aus dem Auge verliert; d. h. so lange sie einerseits den Dichter als den Erzeuger des Inhaltes der Handlung in Ehren hält, ihm keine dem Wesen und der

Würde seiner Kunst widersprechenden Dienste zumuthet, anderseits den sichtbar darstellenden Künsten und Mitteln gegenüber ihre Oberherrschaft behauptet und deren Mitwirkung nur innerhalb der geziemenden Schranken in Anspruch nimmt.

Unter den sichtbar darstellenden Künsten kann nur der *Pantomime* mit Einschluss des *charakteristischen Ballets* unter denselben Bedingungen dramatische Bedeutung und das Recht auf der dramatischen Bühne zeitweise als Herrscherin aufzutreten zugestanden werden. Alle übrigen, Costümirung Malerei Baukunst und Mechanik vermögen aus eigenen Mitteln gar keine dramatische Handlung darzustellen und sind auf der dramatischen Bühne in unablöslicher Dienstbarkeit zu halten. Mögen sie sich ausserhalb derselben verselbständigen und mit Aufbietung ihrer äussersten Mittel sich aufs vollkommenste ausbilden, sei es im Interesse der Kunst oder des praktischen Lebens: im dramatischen Theater ist dies weder statthaft noch möglich. —

Hiermit, m. H., bin ich am Ende unserer Vorlesungen angelangt. Ich habe sie nicht sowohl auf schaffende und darstellende Künstler als auf eine kunstliebende Zuhörerschaft berechnet. Haben sie aber das ihnen zunächst vorgesteckte Ziel die eigentliche Aufgabe und die Grundgesetze des theatralisch-dramatischen Kunstvereins insbesondere das Verhältniss seiner einzelnen Glieder zu einander und die wichtigsten Bedingungen ihres gedeihlichen Zusammenwirkens ins rechte Licht zu setzen nicht ganz verfehlt: so werden sie mittelbar auch für die Ausübung der Kunst nicht ohne einen gewissen Erfolg sein. In keiner Kunst nämlich findet, wie ich bereits im Eingang zu bemerken hatte, eine so innige Wechselwirkung zwischen den schaffenden und darstellenden Künstlern einerseits, dem empfangenden und geniessenden Publicum anderseits statt wie bei dem theatralisch aufgeführten Drama. Die an demselben betheiligten Künstler werden einem mit aesthetischer Einsicht urtheilenden Publicum gegenüber um so grössere Achtung vor ihrer Kunst und um so reineren Eifer bethätigen. Der ihnen gespendete Beifall wird sie um so sicherer anleiten auf dem rechten Wege weiter zu gehen und sie um so kräftiger ermuthigen nach immer höheren Zielen und vollkommneren Leistungen zu streben; das bei Nachlässigkeiten oder Verirrungen zu erwartende oder kundgegebene Missfallen von Richtern, welche mit der Einsicht in die hohe Aufgabe des dramatischen Theaters die Einsicht in die ungemeinen Schwierigkeiten der Lösung verbinden, wird um so eher als berechtigt und billig anerkannt und beachtet werden, die Scheu vor strenger Rüge und Verurtheilung um so sicherer verderblichen Missbräuchen und Entartungen der Bühne vorbeugen.

Hiermit soll jedoch die Tragweite einer theoretischen Belehrung des Publicums über das Theater durchaus nicht überschätzt und nicht etwa die Meinung ausgesprochen sein, der Künstler habe nur vom Publicum zu lernen und nicht umgekehrt das Publicum vom Künstler. Die Aufgabe ein richtiges Urtheil über wirkliche Leistungen der dramatischen Bühne zu begründen kann die Aesthetik für sich allein nicht lösen; ein bedeutender, ja vielleicht der bedeutendste Theil derselben fällt den ausübenden Künstlern zu; sie müssen der Theorie zur Seite stehen, anregend berichtigend und vollendend. Aber gerade deshalb darf das Schicksal des dramatischen Theaters auch nicht ausschliesslich oder vorzugsweise einer rein empirisch sich bildenden Praxis überlassen bleiben, wie dies gegenwärtig noch fast durchgängig der Fall ist. Denn wahrhaft bildend kann nur der wahrhaft gebildete Künstler auf die Theorie und auf das Urtheil des Publicums einwirken, und unumstösslich wahr bleibt der Ausspruch Goethe's:

» Die Kunst ist Kunst; wer sie nicht *durchgedacht*,
Der darf sich keinen Künstler nennen. « —

So unerlasslich aber auch dies Zusammenwirken von Theorie und Praxis, von Künstlern und Zuschauern ist: völlig gesichert ist damit die stetige Hebung und höchste Vervollkommnung der dramatischen Bühne noch keineswegs. Hierzu müssen sich noch manche andere höchst wesentliche Bedingungen erfüllen, welche ebenso wie vielleicht die bedeutendsten Ursachen der Mängel und Fehler, an denen gegenwärtig unsere Bühne leidet, ausserhalb des œsthetischen Gebietes liegen. Hiervon sei schliesslich nur das Eine hervorgehoben, welches vor allem noththut:

Soll die dramatische Kunst, unter allen Künsten diejenige, welche mit dem wirklichen Leben und zwar mit dem gesammten Volksleben im innigsten Zusammenhang steht, ihre schönste und reichste Blüte und mit ihr zugleich ihre grösste Wirksamkeit entfalten: so muss sie wurzeln in dem Boden einer lauteren und edlen Gesinnung und Gesittung des ganzen Volkes, vor welchem aufzutreten sie bestimmt ist, und muss athmen in der reinen Atmosphäre eines einigen und festen Nationalgeistes und in dem Sonnenschein der staatsbürgerlichen *Freiheit*.

Die Erwerbung Bewahrung oder Wiederherstellung dieser höchsten Volksgüter, ohne welche unsere Bühne von einer Menge abgeleiteter Uebelstände nicht erlöst werden kann, ist freilich die gemeinsame Aufgabe aller Mitglieder des Volkes. Sache der dramatischen Künstler aber und vor allem der dramatischen Dichter ist es, nicht etwa in träger Ruhe zuzuwarten, dass die allgemeinen Zustände sich von selbst bessern, dass die allgemeine Heilung, welche auch ihnen erst das wahre Heil bringen kann, ihnen ohne ihr Zuthun zufalle, sondern zur Beschleunigung desselben in ihrer Sphäre nach Kräften mitzuwirken. Und je gewaltiger die öffentliche Macht ist, welche ihrer Kunst innewohnt: desto näher liegt ihnen die Pflicht und desto dringenderer geht an sie der Ruf des Vaterlandes diese Macht zur Geltung zu bringen.

Hierzu bedarf es aber nicht allein der angeborenen und ausgebildeten Kraft des künstlerischen Geistes sondern zugleich lauterer volksthümlicher Gesinnung, mannhaften Muthes und unerschütterlicher Thatkraft. Nur die vereinigte Macht des Genius und des Charakters kann die dramatische Bühne ihrer höchsten Bestimmung zuführen.

Corrigenda.

Seite XIV Zeile 7 v. o. st. Reinheit l. Einheit.
, 4 , 10 v. o. st. Künste l. Kräfte.
, 12 , 6 v. u. st. Schauspielerhäuser l. Schauspielhäuser.
, 16 , 9 v. u. st. mimische l. mimisch.
, 18 , 5 v. o. st. abweisendsten l. abweichendsten.
, 19 , 10 v. o. st. auf l. ausser.
, 27 , 14 v. u. st. erhält l. erfüllt.
, 30 , 12 v. o. st. Hinderniss l. Erforderniss.
, 40 , 8 v. u. st. zergliederten l. gegliederten.
, 60 , 13 v. o. st. genommen l. gewonnen.
, 62 , 1 v. o. st. Ueberzeugung l. Ueberreizung.
, 63 , 6 v. o. l. einer vielfach zusammengesetzten.
, 91 , 13 v. o. st. freselnden l. handelnden.
, 92 , 10 v. o. st. Sophiten l. Soffiten.
, 101 , 1 v. o. l. aufführbar und
, 114 , 6 v. u. st. schreckliche l. sprachliche.
, 129 , 17 v. o. l. Kraft und.
, 132 , 2 v. o. st. hanauische l. banausische.
, 133 , 10 v. o. st. Geistlichkeit l. Geistigkeit.
, 135 , 7 v. o. st. Vorstellung l. Vorlesung.
, 147 , 11 v. o. l. Exodien.
, 150 , 3 v. u. st. bescheidenen l. gesteigerten.
, 179 , 6 u. 7 v. o. l.: zu gleichmässig getheilt ins Schwanken geräth und das Gemüth — —
, 190 , 7 v. o. st. liefern l. liefere.
, 192 , 8 v. o. st. bedeutenden l. bedeutendern.